LE CHEVAL

UNE PASSION

LE CHEVAL

UNE PASSION

B. DE PERTHUIS M.-P. RAUZIER

T.D.S / *litteral*

Imprimé en Italie par Arti Grafiche Motta - Arese, Milano.
ISBN 2-73-242024-7.
Dépôt légal: janvier 1993.

SOMMAIRE

L'équitation, avec ses disciplines nombreuses et variées, permet d'avoir toute sa vie le cheval comme compagnon de sport et de loisir. Si un cavalier se spécialise, il peut, de sept à soixante-dix ans, ne se consacrer qu'à un aspect du monde équestre ; mais celui qui prend le temps – et le plaisir – d'essayer la plupart des activités proposées s'aperçoit à cette occasion que certaines d'entre elles conviennent particulièrement bien à un type précis de pratiquants. Voilà pourquoi ce panorama équestre est découpé arbitrairement en plusieurs tranches de vie cavalière : à chaque âge peut correspondre un environnement hippique idéal. Mais que ce choix rédactionnel ne vous trompe pas : en définitive, la passion décide pour nous et sait nous orienter. Loisir ou sport de compétition, détente ou même métier, tout est possible grâce aux renseignements qui suivent... et à la passion du cheval !

L'ÉQUITATION SUR PONEY

INTERVIEW

Jacinte Giscard d'Estaing

HISTOIRE

Le shetland

DOSSIER

Généralités • Les poney-clubs • L'enseignement • Les examens • Les poneys pour adultes • Les poneys pour handicapés • La compétition

INTERVIEW

Jacinte Giscard d'Estaing
Vétérinaire, présidente du Paris Horse Show, à l'origine du projet Poneyland.

☐ *Est-ce que l'on pratique déjà l'équitation en montant à poney ?*

Oui, bien sûr !

C'est même à mon sens le meilleur moyen d'initier les enfants très jeunes à l'équitation. Car le poney a les mêmes possibilités qu'un cheval, tout en restant à la dimension de l'enfant. Mais ce n'est pas un jouet pour autant !

☐ *Peut-on apprendre très jeune les techniques de l'équitation ?*

Grâce au poney, l'enfant pourra s'initier à ces techniques. Aux enseignants de savoir comment donner les bonnes bases. L'enfant, dont la concentration n'est pas suffisante pour comprendre certaines difficultés, peut apprendre en s'amusant, mais apprendre bien. Les Britanniques sont passés maîtres en matière de jeux à poney, parce que leurs poneys sont bien éduqués et que les enfants peuvent les piloter et les maîtriser. En France, cela n'amuse personne de voir un enfant « embarqué » sur son poney, incapable de le diriger. Ça n'amuse surtout pas les enfants ! Par contre, les spectacles à poney sont très motivants. Il faut obligatoirement savoir diriger son poney pour faire un carrousel correct, par exemple !

☐ *Qu'entendez-vous par poney bien éduqué ?*

Je trouve regrettable que sous prétexte que le poney est docile et moins fort qu'un cheval, on ne se donne pas la peine de le dresser parfaitement. Est-il normal qu'un poney garde la tête en l'air, une fois l'enfant dessus, celui-ci suspendu aux rênes ? Il faut avant tout respecter l'animal et ne pas le considérer comme un sous-produit destiné aux débutants. De même, je trouve étrange que l'on apprenne aux enfants à monter à cru – par manque de moyens souvent –, alors que tous les cavaliers à cheval ont une selle !

☐ *Poney-clubs à part entière ? Centre équestre avec une section poney ? Y a-t-il une différence ?*

À mon avis, et toujours dans l'intérêt de l'enfant, une structure de poney-club autonome, conçue spécialement pour lui, est la seule capable de recréer un monde d'enfants. Le centre équestre mélange chevaux et poneys, mêle adultes et enfants, dans des installations trop importantes pour ces derniers ; ils s'y sentent mal à l'aise. Je suis pour une structure adaptée aux enfants, tant au niveau architectural qu'au niveau équestre et pédagogique, mais contre un cloisonnement entre poney et cheval. Quand l'enfant aura grandi et prendra plaisir à monter, il n'aura normalement aucune difficulté à passer du poney au cheval.

☐ *L'équitation à poney a donc un avenir ?*

Son développement ne fait que commencer, et je souhaite une augmentation importante des structures de poney-clubs afin que tous les enfants puissent goûter à l'équitation, encore trop souvent considérée comme un sport inaccessible. On a longtemps dit ça du ski ! Initier les enfants au poney est sans doute le seul moyen d'enlever à l'équitation son image de sport de tradition privilégié, ou plutôt cet amalgame simpliste qui varie selon les mentalités : cheval-tiercé, cheval-snob, cheval-cow-boy.

Le monde des cavaliers n'est pas un monde à part. Donnons la possibilité aux jeunes de le découvrir. Après, on aime ou on aime pas... !

Le poney-club permet aux jeunes enfants de se construire un monde à leur taille.

L'équitation est alors abordée comme un jeu, plus que comme une discipline sportive.

HISTOIRE

La taille du cheval a souvent été un facteur dissuasif pour l'enfant désirant débuter en équitation. De même un adulte peu sportif peut tout craindre d'un animal somme toute beaucoup plus fort que lui. Cette réticence qui, de nos jours, n'est qu'un critère de sélection vis-à-vis d'un loisir parmi d'autres, était un handicap du temps où le cheval se trouvait être l'un des principaux moyens de transport. Dès lors, des montures trop petites pour servir de fiers destriers, mais toutefois de belle allure, trouvaient ainsi leur emploi. Pour autant, la notion de « petit cheval pour enfant » n'a jamais été péjorative, et plus d'un fils de prince ou de bourgeois a exigé de son compagnon des exploits dignes d'écuyers, ou s'est fait représenter sur son dos, comme l'Infant d'Espagne peint par Vélasquez. Pour tous ces jeunes cavaliers, monter ensuite un grand cheval ne présentait plus de difficultés. Dans certains pays, l'équitation sur poney devint même un sport à part entière.

La révolution industrielle, en retirant au cheval sa primauté comme source d'énergie, a bien entendu touché les poneys. C'est paradoxalement en Angleterre, où l'essor de l'industrie a frappé en premier, que leur élevage a le mieux résisté. Alors que sur le continent le cheptel équin fondait, surtout chez les chevaux lourds, remplacés par la traction motorisée, et les chevaux de selle, concurrencés par les toutes jeunes automobiles – et les poneys par le vélocipède ! –, l'équitation gardait outre-Manche tout son attrait. Les poneys acquéraient d'ailleurs une importance particulière, puisque l'éducation équestre des jeunes Britanniques leur était confiée. En plus de la monte, l'enfant se voyait chargé des soins quotidiens, ainsi que de l'entretien du box de son poney. Cet apprentissage complet du futur homme de cheval a toujours beaucoup de succès aujourd'hui, même si la tradition se perd un peu, notamment pour le port de la tenue d'équitation classique (jodhpurs, veste de tweed, boots et bombe). Les épreuves hippiques réservées (gymkhanas, concours de présentation et de saut d'obstacles) plaisent toujours beaucoup et se déroulent fréquemment parallèlement à des épreuves pour chevaux et adultes.

De très nombreuses races de poneys ont été sélectionnées pour répondre à cette demande des jeunes Britanniques ; certaines races produisent d'ailleurs des montures aux performances comparables à celles des chevaux. Mais le chouchou des jeunes cavaliers, et du public, reste incontestablement le poney shetland.

Le shetland

L'archipel des îles Shetland se trouve au nord-est de l'Écosse, entre l'Atlantique et la Mer du Nord. Son climat rude a rendu célèbres ses moutons (pour leur laine) et ses poneys. Ces derniers sont très petits : ils mesurent au maximum 1,07 mètre au garrot. Rustiques, ils se nourrissent de lichens dans leurs îles d'origine, et résistent aux grands froids de ces latitudes grâce à leur poil particulièrement épais. Ils sont très robustes et étaient utilisés autrefois par les paysans de ces régions pour tracter de lourdes charges : ils peuvent tirer jusqu'à quatre fois leur propre poids. Mais leur résistance et leur petite taille les ont également conduits à travailler dans les mines de charbon au siècle dernier. Heureusement, leur caractère sociable et courageux a séduit de nombreux « gentlemen-farmers » qui en introduisirent l'élevage dans toute l'Angleterre. Adoptés comme monture idéale et compagnon favori du jeune enfant, ils furent reconnus officiellement en 1890 avec l'ouverture du « Shetland Pony Stud-Book ».

Leur succès sur le continent fut plus tardif, mais les élevages se multiplièrent en Europe du Nord puis en France, et c'est en 1966 que s'ouvrit chez nous leur livre généalogique, tenu par le Groupement d'éleveurs de poneys du Shetland. Ils sont maintenant très nombreux, et si les habitudes françaises n'ont pas encore permis à l'enfant d'être aussi proche de son poney qu'en Angleterre, beaucoup de centres et de poney-clubs tentent de faire découvrir cette passion si bien illustrée par les célèbres bandes dessinées de Thelwell.

Tout rond et tout poilu, le poney des îles Shetland est souvent comparé à un « nounours » — et considéré comme tel par les jeunes enfants. Facile à élever, il s'est acclimaté partout, y compris dans les riches prés français.

Peu sauvage, frugal, résistant, le shetland peut se contenter d'un pré avec un abri pour l'hiver et de l'eau à volonté, à condition que son jeune cavalier lui rende visite régulièrement pour s'occuper de lui, le brosser, lui curer les pieds, bref... lui éviter de s'ennuyer ! Très sociable, il appréciera la compagnie d'un autre animal (mouton, chèvre ou autre poney). Son prix modique (1 000 à 4 000 francs) et le faible coût de son entretien ne sont donc nullement un obstacle à son achat ; seule l'obligation de disposer d'un terrain près de chez soi ou de payer une pension dans un poney-club peut retenir les parents. Ce merveilleux facteur d'éducation, si bien utilisé outre-Manche, n'est pas encore entré tout à fait dans nos mœurs. Pourtant le nombre des propriétaires individuels de shetlands a aujourd'hui triplé. N'hésitez donc pas à les rejoindre !

En France, dix millions de jeunes entre 4 et 17 ans inclus sont des cavaliers potentiels de poney-clubs. Ils sont en réalité environ cent mille pratiquants, dont vingt-sept mille licenciés, répertoriés par le Poney-Club de France – organisme responsable de l'équitation sur poney, nouvellement appelé Délégation nationale à l'équitation sur poney (DNEP), depuis son rattachement à la Fédération française d'équitation (FFE).

Les enfants débutent de plus en plus tôt à poney grâce à l'encadrement spécifique qu'adoptent certains poney-clubs.

À 4 ans, l'enfant est à peine capable de tenir seul à califourchon, sa croissance est loin d'être terminée et son attention reste très fugace. Mais à cet âge, l'enfant peut commencer à approcher le poney, à découvrir son contact de « gros nounours » et le promener en main – s'il s'agit d'un shetland.

Jusqu'à l'âge de 7 ans, l'instruction équestre est quasi inexistante. Elle se résume à des conseils pratiques, immédiatement utilisables par l'enfant. Celui-ci ne dissocie pas encore les mouvements des membres supérieurs et des membres inférieurs, problème physique incontournable, que les enseignants sont obligés de prendre en compte. De même, à cet âge, l'enfant a des difficultés à différencier la gauche de la droite, à se situer dans l'espace, à trouver un équilibre à cheval. Le poney doit donc être adapté à sa taille.

De 7 à 12 ans, l'enfant prend un certain goût du risque, qui le pousse par exemple à faire de la compétition. Toutes les activités équestres sont désormais possibles à cet âge, y compris l'attelage. Le jeune cavalier éprouve le besoin d'une recherche équestre pratique, des explications et des développements théoriques. Souvent, il souhaite participer à la vie et aux activités du poney-club et être ainsi reconnu.

Les plus nombreux à pratiquer l'équitation sur poney sont les enfants entre 8 et 10 ans.

Plus de trois cents poney-clubs affiliés au Poney-club de France proposent leurs installations. Il s'agit soit de poney-clubs à vocation unique – poneys et jeunes cavaliers –, soit de centres équestres possédant une unité « poney » à l'intérieur de leurs structures – clientèle distincte, équipements distincts. La majorité de ces clubs sont rattachés à un centre équestre ou conçus comme un mini-centre équestre.

Les poney-clubs

Les enfants qui découvrent le poney en colonie de vacances sont accueillis soit dans un poney-club urbain qui a des capacités d'accueil et d'hébergement suffisants pour un grand nombre d'enfants, soit dans une structure qui loue ses installations et dans lesquelles on place des poneys qui le reste de l'année sont au pré.

Malgré une approche écologique souhaitable, les dirigeants des poney-clubs ont compris qu'il était préférable de se rapprocher des enfants, donc des villes, plutôt que de rechercher la nature. De plus, les parents hésitent à faire de longs trajets en voiture pour les accompagner toutes les semaines au poney-club, pour une heure d'équitation. Si les enfants ont la possibilité de s'y rendre à pied ou en bicyclette librement dans leurs moments de loisirs, le poney-club devient un lieu accessible au plus grand nombre. Mais à l'exception de la région parisienne, les implantations actuelles de poney-clubs sont en grande majorité en milieu rural, ce qui explique le nombre peu élevé de pratiquants par club (environ deux cent vingt en province).

La plupart de ces poney-clubs fonctionnent grâce à un choix de stages, proposés durant les vacances scolaires, avec des possibilités d'accueil (hébergement, nourriture...). De plus, de par la concentration de leur activité sur quelques semaines, les poney-clubs en milieu rural sont obligés d'avoir un nombre de poneys trop important par rapport à l'activité annuelle. Pour un même nombre d'adhérents et d'heures effectuées en

L'équitation sur poney n'exclut pas l'acquisition de solides bases théoriques. Et il est bien sécurisant de porter un casque lors d'un petit galop les uns derrière les autres.

En milieu rural, l'enfant découvre souvent une autre facette de la vie avec son poney : l'attirance des espaces verts et de la liberté !

une année, le nombre de poneys varie du simple au double d'un poney-club à l'autre. Les poney-clubs urbains sont donc plus rentables, d'autant plus qu'ils peuvent se contenter de petites installations. Ils ferment souvent pendant les deux mois d'été, tout en proposant des activités « vacances », emmenant les enfants et les poneys en « transhumance », à la campagne ou en bord de mer.

De nouvelles structures extrêmement bien étudiées pour l'enfant voient le jour. Le projet Poneyland vise à rendre le poney accessible à un très grand nombre d'enfants en implantant, en zones urbaines, des espaces créés à son échelle. L'enfant découvre l'animal, s'épanouit dans un lieu de vie éducatif et peut pratiquer des activités sportives extra-équestres.

Il reste encore d'énormes possibilités pour faire connaître l'équitation sur poney puisque sur quatre-vingt-seize départements, treize chefs-lieux seulement sont dotés d'un poney-club et six d'entre eux sont des unités « poney » à l'intérieur d'un club hippique.

L'ENSEIGNEMENT

Chaque poney-club fonctionne et gère son emploi du temps comme il l'entend. Le mercredi, le samedi et le dimanche sont les jours de prédilection des zones rurales, tandis qu'en milieu urbain les poney-clubs peuvent se permettre d'ouvrir leurs portes à la sortie des classes. Plusieurs formules sont proposées : la leçon peut durer 30 minutes, 45 minutes, voire une heure ou la demi-journée – formule qu'apprécient les parents sachant leurs enfants en lieu sûr –, il s'agit alors d'un mini-stage où l'enfant apprend à s'occuper entièrement de son poney, à devenir responsable. Certains poney-clubs organisent aussi des stages extra-scolaires sur huit jours, quinze jours ou plus.

En fonction des âges, l'enseignement de l'équitation à poney offre une grande diversité. Pour les jeunes enfants, la reprise institutionnelle de l'équitation à cheval n'est pas adaptée et de plus en plus de poney-clubs utilisent la pédagogie par le jeu. Les enfants apprennent... en s'amusant. Le jeu n'est plus un moment de récréation à la fin d'une reprise, mais un support réel pour l'apprentissage d'une technique. Par le jeu, l'enfant découvre, comprend, assimile, se socialise. Le jeu est ce qu'il y a de plus sérieux pour la vie de l'enfant, car ainsi on le met en situation d'apprendre et il oublie sa peur. On tente de plus en plus de faire des poney-clubs des bases de loisirs, des aires de jeux, avec le poney comme moteur essentiel.

Les enfants ont besoin de contacts physiques. Un moniteur qui reste au milieu d'un grand cercle n'est pas adapté aux enfants. Il faut qu'il soit proche, prêt à les aider. D'autre part, les enfants ne savent pas tous lire, on a donc repensé l'hippologie à l'aide de couleurs, de formes... Les « terrains d'aventure » commencent à faire leurs preuves : il s'agit d'espaces d'environ sept hectares, bien clos, sur lesquels on peut « lâcher » l'enfant sur son poney. Là, il y trouvera, selon son niveau, des obstacles, une cabane, un passage de gué... qu'il franchira à sa guise. L'enfant et ses copains se réinventent un monde qu'ils découvrent à poney. La plus belle aventure !

En guise d'équipement, le jeune cavalier a pour obligation de porter une protection pour la tête, en général un casque ou faute de mieux une bombe bien que celle-ci ne protège pas assez, ne corresponde jamais à la bonne taille et ne tienne pas bien. Pour le reste, une règle d'or : confort et simplicité. Pour débuter, un pantalon style velours ou « jogging » et de bonnes baskets suffisent. Puis en fonction de la pratique et du confort : une culotte sans coutures sera plus confortable qu'un jean ; les bottes protègent les mollets, tiennent la jambe, permettent de bien se placer en selle et d'« avoir des jambes efficaces ». Sans compter qu'on a les pieds au sec dans le fumier !

Les excellentes aptitudes à la compétition des grands poneys de race ont conduit les instances fédérales à uniformiser les examens et les épreuves sportives ; il sera ainsi encore plus facile aux cavaliers sur poney de réussir la transition, lorsqu'ils seront plus âgés, avec l'équitation sur cheval.

À l'inscription en poney-club, les cavaliers sont tenus de prendre une cotisation annuelle comprenant une assurance, et parfois la licence, s'ils veulent passer les examens et sortir en compétition. (La licence est souvent déduite si les parents trouvent l'ensemble trop cher.) Les poney-clubs fonctionnent la plupart du temps au moyen d'un forfait mensuel ou trimestriel.

Les jeunes cavaliers inscrits en « stage poney » dans un club de vacances peuvent obtenir leur propre licence : la « carte vacances ». Elle est demandée par les poney-clubs, organisateurs des stages, mais ne donne pas droit de participer aux compétitions ni aux examens. Valable deux mois, elle confère le niveau minimum « poney » à son détenteur (poney de bronze, d'argent et d'or).

Les tarifs pratiqués par les poney-clubs sont variables. Ils dépendent du prix du loyer, du coût de la vie, du salaire des moniteurs... Les poney-clubs parisiens, qui subissent une importante demande, peuvent se permettre des prix supérieurs à ceux de la province.

Les tarifs des poney-clubs sont moins élevés que ceux des centres équestres, ce qui est tout à fait discutable. Car si le poney est rustique et nécessite des infrastructures moins sophistiquées que le cheval, l'enseignement de l'équitation à poney requiert beaucoup de travail, de recherche et d'attention.

La cotisation annuelle varie entre 200 et 500 francs. Le prix moyen d'une heure de leçon est de 40 francs, les forfaits trimestriels de 350 à 600 francs environ. Le prix de la licence est de 150 francs pour les moins de 16 ans, 170 francs pour les autres. La « carte vacances » coûte 25 francs. Les « stages vacances » reviennent à environ 250 francs par jour en pension complète.

Les examens

Une réforme complète des examens est en cours à la Fédération française d'équitation (FFE) ; elle vise à uniformiser le monde du poney et celui du cheval, en prenant en compte la diversification des activités. Les trois délégations ont été chargées de mettre en place un système d'équivalence et de tests de connaissances en parallèle, au sein de leurs propres examens. Tous les examens de la FFE porteront bientôt l'appellation de « galops ». Le Poney-Club de France a créé trois étapes, sanctionnant la progression de l'enseignement par ordre de difficultés croissantes :

– *l'éveil* : système de tests de connaissances permettant aux plus petits d'obtenir un « poney de bronze » (en dix tests), un « poney d'argent » (en quatorze tests), ou un « poney d'or » (en dix-huit tests) ;

– *l'initiation* : premier galop, deuxième galop et troisième galop, correspondant aux anciens examens, dont le contenu reste à peu près le même (première étoile, deuxième étoile, premier fer) ;

– *le perfectionnement* : du quatrième au douzième galop.

Ces examens ne peuvent se dérouler que dans un établissement qui dispose d'au moins un enseignant permanent diplômé d'État.

En dehors des nombreuses animations proposées par les poney-clubs (voltige, horse-ball, jeux...), l'équitation à poney innove depuis quelques années en organisant

des spectacles. Une idée récente motive de nombreux poney-clubs : il s'agit de promouvoir des spectacles de qualité, de les vendre et de les proposer dans toute la France en animations. Ces spectacles sont très prisés par les organisateurs de grandes compétitions comme entracte inter-épreuves, au Salon du cheval ou au Jumping international de Bercy par exemple... L'image de marque d'un poney-club passe alors tout naturellement par l'intermédiaire des médias. Et puis les enfants ont plaisir à être applaudis et à côtoyer de grands cavaliers lors de ces manifestations.

Les poneys pour adultes

Si les poney-clubs privilégient les enfants entre 4 et 17 ans inclus – 16 ans étant l'âge maximum pour participer à une compétition –, le poney est tout à fait accessible aux adultes, lorsqu'il atteint la taille des petits chevaux. Pour un adulte, débutant ou non, c'est un excellent compagnon, très fiable en extérieur. Il existe des clubs hippiques pour adultes où l'on ne monte que des poneys ; ils mesurent en général 1,47 mètre au garrot et sont dotés d'allures amples. Poney et adulte font bon ménage pourvu que le premier soit correctement choisi et dressé et que le second ne cherche pas dans le sport équestre une position sociale en rapport avec la hauteur à laquelle il est assis ! Et puis les parents peuvent ainsi suivre leurs enfants...

Les poneys pour handicapés

Avec le concours des centres de rééducation, les poney-clubs font monter des enfants handicapés sur poneys depuis plus de quinze ans. Le but n'est nullement d'en faire des cavaliers, mais simplement de leur apporter du plaisir, de leur faire découvrir la nature et les animaux, de leur proposer une autre ouverture sur le monde et des possibilités jusqu'alors inhibées en eux. Certains enfants apprennent ainsi à se surpasser, à mieux se maîtriser et à communiquer autrement. Le poney est un support privilégié parce qu'il est vivant, chaud, qu'il a des réactions, une volonté. Un travail en commun de l'enseignant du poney-club et de l'encadrement médical est indispensable pour développer l'émulation, aider les enfants à dépasser leurs frayeurs et à se faire plaisir, au-delà de l'aspect « rééducation ».

La compétition

L'équitation à poney n'est pas le reflet de l'activité « compétition », et les particuliers qui peuvent payer à leur enfant un poney, un van pour le transporter et des voyages à l'étranger pour participer aux concours internationaux, forment une minorité. Pourtant, une nouvelle race de « poney de sport », tel le français de selle, tend à se transformer en petit cheval miniature capable de sauter aisément des obstacles de 1,20 ou 1,30 mètre de haut. Il permet aux enfants – dont la carrière sur poney sera courte – d'utiliser leurs capacités au maximum.

En France, une trentaine de jeunes cavaliers montrent actuellement de réelles aptitudes à la compétition. Preuve en est leur médaille d'or en concours de saut d'obstacles (CSO) par équipe, remportée au championnat d'Europe sur poney en juillet 1987.

Les concours sont organisés par catégories, selon la taille des poneys. Les plus grands ont des épreuves très semblables à celles des chevaux mais, bien entendu, de difficulté moindre.

La compétition à poney prépare à tous les aléas des épreuves sur cheval... y compris au refus devant l'obstacle.

Les bons cavaliers auront peu de difficultés à passer du poney au cheval. En revanche, il leur faudra beaucoup de temps pour acquérir le titre de champion qu'ils possédaient sur poney. Piloter un cheval sur le plat exige d'autres moyens physiques, et l'amener au plus haut niveau, d'autres moyens financiers !

Deux mille cinq cents licences de compétition sont demandées chaque année à la Délégation nationale à l'équitation sur poney (DNEP), et une enquête récente dénombre de quinze à vingt participations à un concours dans l'année par cavalier.

Créé en 1970 par des éleveurs, le Poney-Club de France a aussitôt scindé la compétition en catégories, permettant ainsi de toucher toutes les races de poneys. Selon leur taille, les poneys sont répartis en quatre catégories :

– la *catégorie A* pour les poneys de taille égale ou inférieure à 1,07 m ;
– la *catégorie B* pour les poneys de taille égale ou inférieure à 1,30 m ;
– la *catégorie C* pour les poneys de taille égale ou inférieure à 1,40 m ;
– la *catégorie D* pour les poneys de taille égale ou inférieure à 1,48 m.

Les poneys de la catégorie A ont leurs propres compétitions sous forme d'animations sérieuses et formatrices pour les jeunes enfants montant des shetlands, des dartmoor ou des welsh... Pas de compétition de dressage pur, mais des concours de saut d'obstacles (CSO) et de complet (CCE).

Le CSO comporte un tracé simple entrecoupé d'obstacles de 50 à 80 centimètres de haut, sous forme d'un gymkhana.

Le concours complet d'équitation (CCE) se dispute par équipe de trois ou quatre cavaliers ayant chacun leur poney. Les trois meilleurs résultats par épreuve donnent le classement de l'équipe. Le concours complet comporte trois phases :

– *une épreuve de dressage* à base de transitions du pas au galop ;
– *un concours de saut d'obstacles* comprenant une dizaine d'obstacles ou de passages obligatoires ;
– *un cross,* comportant une dizaine d'obstacles de 50 centimètres de hauteur maximum. Chaque couple cavalier-poney a trois essais pour franchir un obstacle.

L'équipe constituée de couples ayant obtenu 6 points de qualification peut participer au championnat de France, catégorie A.

Pour les poneys de catégories B, C et D, des compétitions à trois niveaux sont ouvertes dans les trois disciplines : au niveau régional, une troisième série « initiation », une deuxième série « formation » et une première série « compétition », complétées par des finales régionales ; au niveau national, les championnats de France correspondent aux deux premières séries.

LE CONCOURS DE SAUT D'OBSTACLES

Il comprend un parcours de dix à quatorze obstacles selon les séries. Dans les épreuves de troisième série, les obstacles mesurent entre 60 et 90 centimètres. Dans celles de la deuxième série, les obstacles droits peuvent s'élever à 1,10 mètre en championnat. Dans les épreuves de première série, ils peuvent atteindre 1,20 mètre.

Pour être qualifié en championnat de France, il faut avoir obtenu un certain nombre de points dans différen-

10

tes épreuves au cours de l'année. Le plancher de qualification est révisé chaque année par les organisateurs selon le positionnement général des cavaliers.

En CSO, il existe également un cycle « classique », ouvert aux poneys en première année de concours entre 4 et 6 ans, munis d'un certificat d'origine enregistré par les Haras nationaux, et inscrits à la Délégation nationale à l'équitation sur poney (DNEP). Les concours internationaux se déroulent obligatoirement sur deux jours avec un barrage éventuel en cas d'égalité des points.

LE CONCOURS DE DRESSAGE

Les épreuves sont notées de 0 à 10 et se déroulent sur un terrain de 40 m × 20 m ou de 60 m × 20 m selon les séries et les catégories. Les championnats de France sont ouverts aux couples ayant participé à au moins une épreuve officielle dans l'année en cours.

LE CONCOURS COMPLET

En troisième série, les organisateurs ont le choix entre organiser une épreuve traditionnelle (dressage, CSO, cross), supprimer soit le CSO, soit le cross, organiser un dressage...

Les épreuves de dressage se déroulent sur un terrain de 40 m × 20 m ou de 60 m × 20 m selon les cas. Les obstacles sont au nombre de huit à dix pour le CSO, leur hauteur variant entre 0,60 m et 1,10 m. Le cross comprend huit à vingt obstacles selon les séries.

Pour participer à un championnat de France de CCE, il faut avoir participé à au moins une série correspondante et avoir totalisé un certain nombre de points en première série, en deuxième série et en troisième série.

Dans le cadre d'une réorganisation des concours, il serait envisageable que la DNEP supprime les catégories « poney, » prenant davantage en compte les cavaliers.

– *La licence de compétition* est gratuite pour les catégories A, B, C, D en troisième série jusqu'à concurrence de 15 points. Au-delà, elle est payante.

– *L'équipement* : pour les chevaux, la muserolle est autorisée dans les trois disciplines. Pour les cavaliers, la cravache est interdite en dressage, autorisée en cross et en saut d'obstacles. Les éperons sont obligatoires pour le dressage en première série. Une tenue correcte et soignée est exigée : ce peut être une tenue de club personnalisée ou une tenue de concours classique. La bombe est obligatoire en CSO, le casque en cross.

Harnaché, toiletté, en plein effort, le poney de catégorie D (le plus grand) est difficile à distinguer d'un cheval lorsqu'il franchit le gué d'un concours complet de haut niveau.

LES CLASSES DE DÉCOUVERTE

INTERVIEW

Alexis Gruss

HISTOIRE

Le poney de selle français

DOSSIER

Généralités • *L'équitation à l'école*

Alexis Gruss
Directeur artistique du cirque Gruss. Père de famille, il a lui-même enseigné l'équitation à tous ses enfants.

« J'encourage les enfants à pratiquer l'équitation très jeunes, à condition qu'ils commencent par apprendre à respecter le cheval, à savoir s'en occuper quotidiennement. Même si, aujourd'hui, le cheval n'est plus utilitaire, même s'il n'est plus qu'un loisir, il est à mon avis, comme beaucoup d'autres animaux, indispensable à la vie. Être sur le dos d'un cheval est donc secondaire, ou du moins doit se mériter.

» J'ai observé les premières réactions de mes enfants à cheval, et je pense qu'il est normal qu'un enfant ait peur la première ou la deuxième fois qu'on le place sur le dos d'un cheval. Sans réellement estimer le danger, il doit percevoir qu'il n'est pas sur un jouet, mais sur un animal vivant, qui bouge, qui respire, qui a une personnalité... Certains petits sont battus d'avance, d'autres s'accrochent. Bien sûr, il faut que l'enfant se sente en sécurité, qu'il ne risque pas de se faire mal et qu'il s'initie sur le dos de chevaux bien dressés. Afin d'en faire de bons écuyers, tous mes enfants apprennent d'abord à se mettre debout sur un cheval sans tomber. Ce travail à toutes les allures est extrêmement long à mettre en œuvre, mais excellent pour la condition physique et le souffle !

» J'encourage tous les enfants à faire de la voltige au cours de leur apprentissage. C'est le meilleur moyen de sentir comment "fonctionne" un cheval. Quand mes enfants avancent dans la pratique de l'équitation, je les fais monter environ trois heures par jour. Ils sont de ce point de vue très favorisés par rapport aux jeunes qui montent en club [...]

» Toujours en tournée une bonne partie de l'année, nous nous offrons le luxe d'avoir un précepteur qui suit nos enfants sur le plan scolaire. Leurs résultats sont très bons. Et c'est normal ! Moins d'heures de cours, mais davantage de concentration !

» Un professeur par élève, c'est d'ailleurs à mon avis le seul moyen de progresser sur le plan scolaire comme en équitation... mais c'est un point de vue très personnel, basé sur mon expérience du cirque ! Un numéro se doit d'être parfait. L'"à-peu-près" n'est pas de mise. »

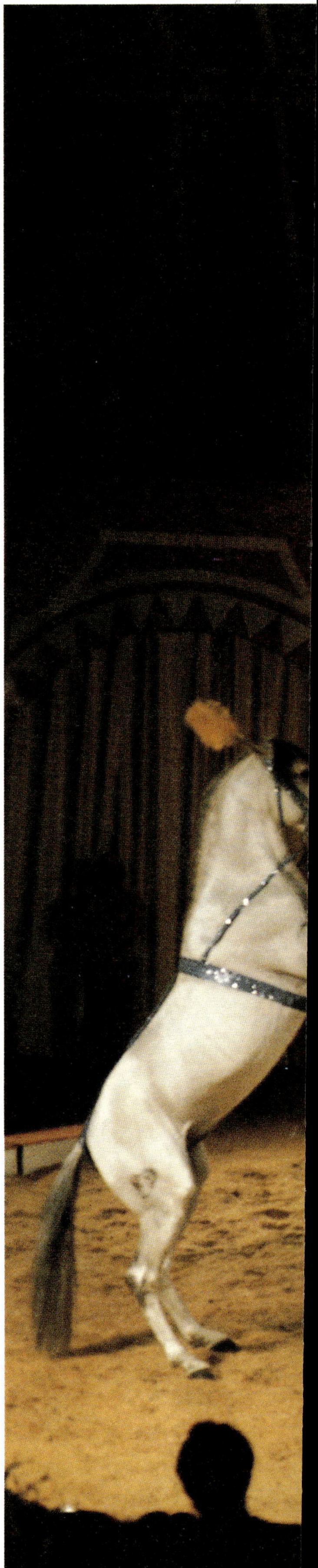

Alexis Gruss senior, père d'Alexis Gruss junior, en piste... ou comment transmettre l'amour des chevaux et la rigueur de l'apprentissage équestre à plusieurs générations, en famille comme en classe.

HISTOIRE

Les classes de découverte recouvrent des appellations déjà anciennes : classes de neige, de mer, de nature... et représentent depuis trente ans une entreprise pédagogique originale.

Pédagogie d'éveil où, hors des murs scolaires durant quelques semaines, les enfants construisent leur savoir à partir de ce qu'ils vivent, agrandissant ainsi leur propre expérience du monde. Les classes de découverte à poney s'inscrivent au sein de ces classes « vertes », dont le but est d'abord l'approche de la faune et de la flore. Le poney, adapté à la taille et au caractère de l'enfant, joue le rôle de trait d'union privilégié avec la nature.

De profonds rapports affectifs s'établissent en outre entre le poney et l'enfant, impensables avec une paire de skis ou un canoë !

Le poney est un animal vivant, un gros nounours en peluche qui bouge, qui résiste, et l'enfant, confronté à cet animal plus fort que lui, découvre qu'il ne peut agir sur lui que par la volonté ou la ruse et non par la force.

Une classe de découverte n'est pas une colonie de vacances, ni un lieu de performances sportives. Elle conserve avant tout une dimension éducative. En ouvrant l'école à la vie, elle est une véritable « aventure » faite d'imprévus, d'émotions, d'initiatives, de réflexions.

Les classes de découverte à poney sont donc une chance pour l'enfant, qui découvre un animal à sa taille, affectueux mais indépendant, une chance pour les poney-clubs qui accueillent les élèves sur une longue période, mais une chance aussi pour l'équitation. Cette première approche du poney en classe de découverte est essentielle et très positive car l'enfant ne se contente pas de monter l'animal mais le soigne, le regarde vivre et prend le temps de se familiariser petit à petit avec lui. Ainsi, même si l'aspect « sport » reste marginal, l'engouement pour l'équitation peut gagner l'enfant s'il a la chance de pouvoir monter en club par la suite.

Le caractère sociable du poney – moins impressionnant que le cheval – facilite les premiers contacts. La classe de découverte, de par sa durée, permet une approche progressive, sécurisante et encourageante. Le sentiment d'appréhension ressenti par l'enfant au départ disparaît très rapidement. Il s'associe à un autre être vivant, solidaire mais foncièrement indépendant, il acquiert la maîtrise de soi, la maîtrise de son poney et surtout le sens des responsabilités. L'enfant se sent « propriétaire » de son animal et le prend en charge avec sérieux. Il le panse, le nourrit, le soigne, il peut le seller et le brider seul grâce à sa taille. En échange, le poney devient son confident... Une relation unique qui est une des dimensions de la pédagogie à poney et non la seule.

L'activité sportive est également un des moteurs essentiels de la pédagogie des classes de découverte. L'enfant prend conscience de son corps et découvre par ce biais le monde environnant : la nature et les autres (écoliers, enseignants, animaux).

Le poney constitue, avec les activités physiques ou d'éveil auquel il se prête, l'un des centres d'intérêt autour duquel s'organise le travail de la classe, pendant la durée de la transplantation. Le milieu d'accueil et de vie devient le support privilégié des activités scolaires habituelles.

La classe de découverte à poney offre une grande quantité de thèmes variés, très riches et inépuisables. Dans chaque matière, les enseignants profitent au maximum du vécu, pour aborder toutes sortes de notions.

Le budget du séjour, la superficie d'un champ, le périmètre d'herbages pour y planter une clôture... feront d'excellents sujets en mathématiques.

En français, les enfants auront largement de quoi raconter leurs impressions sous forme de « rédactions », de comptes-rendus, de bandes dessinées, de poèmes, de lettres aux parents...

En géographie, le programme peut être enrichi à l'infini : du milieu d'origine du poney au climat, au sol... à l'orientation à travers l'apprentissage de la carte...

En sciences naturelles aussi, la seule vie du poney apporte à l'enfant de nombreux thèmes de recherche : la nourriture, le nombre de repas, la digestion, le poulinage, la vie des poneys en groupe, puis de manière

Le poney de selle français est issu de croisements récents destinés à produire une monture de taille moyenne, sociable, avec des qualités équestres de petit cheval.

plus générale, l'histoire et l'évolution de l'utilisation du cheval par l'homme, l'attelage, les métiers du cheval...

La classe de découverte est un moyen précieux de maîtrise de l'environnement, au sein de laquelle le poney est une puissante motivation et offre un moment privilégié dans le temps scolaire pour l'éveil de l'enfant.

LE PONEY DE SELLE FRANÇAIS

La monture idéale pour animer une classe de découverte équestre est le poney, moins impressionnant que le cheval : sa taille est plus accessible et permet une prise de contact plus rapide. Pour éviter que les enfants se sentent trop encadrés, ils doivent pouvoir être vite laissés seuls avec leur monture. En outre, il pourrait sembler à certains de peu de mérite de monter un minuscule shetland ! Aussi est-ce un poney plus grand, mais confortable et gentil, comme le poney de selle français, qui semble convenir le mieux.

Le poney de selle français mesure de 1,25 à 1,47 mètre au garrot. Il est assez fin, avec un dos fort et des membres solides qui lui permettent de concourir en saut d'obstacles ou en cross, ainsi qu'en randonnée, monté par un adolescent ou même un cavalier adulte. Cette race récemment reconnue par les Haras nationaux résulte en fait du croisement de plusieurs lignées différentes, et les reproducteurs sont sélectionnés soigneusement afin que leurs produits conservent les caractéristiques énoncées ci-dessus. Ils bénéficient en outre des qualités communes à tous les poneys : un caractère assez sociable, une certaine rusticité qui, alliée à un tempérament plutôt calme, permet de les laisser au pré pendant les périodes creuses. Bien dressés, ils permettent une bonne éducation équestre du néophyte, sans risque d'accident grave. Leur prix d'achat moyen (de 5 000 à 8 000 francs) est plus abordable que celui d'un cheval de mêmes qualités, et donc autorise plus facilement la constitution d'une écurie.

Les classes de découverte à poney sont des classes transplantées, qui séjournent pendant quelques semaines « hors murs », à la campagne, dans un cadre socio-éducatif, avec les effectifs complets ainsi que les maîtres habituels, aidés par des animateurs qualifiés.

Ces classes sont organisées par les instituteurs, le conseil d'école, les municipalités et les associations de parents d'élèves. Le projet pédagogique de base ne peut aboutir que grâce au travail concerté d'une équipe éducative soudée et cohérente.

Les classes de découverte à poney concernent principalement les enfants du cycle primaire. Pour certains, c'est le premier séjour à la campagne, lieu extrêmement bénéfique pour leur épanouissement et leur socialisation. Ces classes sont placées sous la responsabilité de l'instituteur, assisté de deux animateurs, détenteurs du brevet d'aptitude aux fonctions d'animateur de centre de vacances et de loisirs (BAFA), d'un moniteur d'équitation, titulaire du brevet d'État d'éducateur sportif du 1er degré (BEES) et, au besoin, d'animateurs chargés des activités sportives. Il est nécessaire que les animateurs qui s'intègrent à la classe de découverte aient une connaissance de la vie collective, des enfants ou des adolescents, et de l'institution scolaire.

Il s'agit avant tout d'un travail d'équipe qui n'implique pas un partage des tâches rigoureux, les animateurs pouvant intervenir en classe à la demande de l'instituteur, de même que celui-ci participe à l'encadrement de ses élèves et à l'animation des activités en dehors des heures de cours.

L'implantation d'une classe de découverte à poney exige un cadre naturel et un environnement humain capables de favoriser l'action pédagogique et d'assurer la réalisation des objectifs éducatifs. Les poney-clubs sont les mieux placés pour réunir ces critères. Ils sont environ quatre-vingt, répartis sur tout le territoire et affiliés à la Délégation nationale à l'équitation sur poney, à proposer des classes de découverte. Ce sont des centres agréés par le ministère de la Jeunesse et des Sports et celui de l'Éducation nationale. Leurs locaux doivent permettre d'assurer de façon satisfaisante à la fois l'enseignement et l'hébergement des élèves. Ils comprennent au minimum : une salle de classe, une salle à manger, une salle polyvalente, une aire de jeux, de petits dortoirs ou des chambres aérées, des installations sanitaires convenables, sans compter... les locaux propres à toutes les autres activités habituelles du poney-club.

Il existe également des centres permanents de classe de découverte, propriété d'associations ou de collectivités locales qui fonctionnent toute l'année et s'adaptent aux activités des classes vertes. Ils peuvent recevoir par exemple quelques poneys au pré durant les mois d'été.

Enfin, une troisième formule assez récente : les classes de découverte itinérantes à poney, déjà expérimentées par quelques instituteurs extrêmement motivés. Les poneys sont loués à un poney-club et la classe se déplace à poneys d'un point d'hébergement à un autre. L'organisation demande un travail complexe et un engagement personnel de la part de l'instituteur. Chaque soir, la classe retrouve des locaux permettant de pratiquer les activités scolaires en rapport avec l'équitation, ainsi qu'un lieu d'hébergement. Les séjours sont en général plus courts, car plus intenses et plus fatigants.

Une classe de découverte dure de dix jours minimum à vingt jours maximum. Les instituteurs sont libres de choisir leur saison. Certaines classes de découverte peuvent être scindées en deux périodes d'une semaine chacune. Dans tous les cas, il doit être tenu le plus grand compte de la fatigue des enfants. Sur place, les horaires sont souples et varient en fonction des situations nouvelles et des possibilités de chaque poney-club.

L'ÉLABORATION DU PROJET

Le choix des classes se fait à l'origine par le conseil d'école et les instituteurs, en accord avec la municipalité, qui se propose de participer à l'organisation et au financement du séjour. Il faut alors trouver une structure

Première étape du harnachement du cheval, que les élèves d'une classe de découverte apprendront rapidement : la manière de brider.
— Le licol, qui sert à tenir la monture, est débouclé et remis autour de l'encolure ;
— les rênes sont passées de chaque côté de la tête ;
— le bridon est préparé, vertical, sans emmêler les cuirs ;
— le mors est présenté devant la bouche avec la main gauche, la droite tenant le bas du bridon en place ;
— avec un doigt de la main gauche, on fait ouvrir la bouche du cheval et on place le mors, sans appuyer sur les dents, en soulevant à mesure les montants du filet de la main droite ;
— enfin on passe le haut du bridon par-dessus la tête, en dégageant bien du cuir les oreilles et les crins, et on boucle la sous-gorge et la muserolle.

d'accueil, recruter des animateurs, sensibiliser les familles à l'intérêt éducatif d'une classe de découverte. La demande d'autorisation de séjour est déposée au moins six semaines à l'avance auprès de l'inspecteur d'académie et du directeur des services départementaux de l'Éducation nationale du département d'origine.

Certaines municipalités chargent des organismes spécialisés de mettre en place toute la structure d'une classe de découverte (lieu, encadrement, agrément...)

À la suite de l'assentiment des parents, les enfants subissent un contrôle médical. Les parents souscrivent une assurance « responsabilité civile », pour se prémunir d'accidents survenant du fait de leur enfant.

Une fiche de renseignements est distribuée à chaque enfant : adresse et téléphone des parents, pratique d'un culte, vaccinations, autorisation écrite de départ, autorisation pour une éventuelle hospitalisation ou intervention chirurgicale.

Le poney-club qui accueille des classes de découverte doit être en règle avec l'administration des Haras nationaux ainsi qu'avec les obligations des services vétérinaires départementaux. De même, ils sont obligatoirement affiliés à la DNEP et disposent d'enseignants et d'animateurs sportifs compétents.

Le dossier d'implantation du poney-club comprend : une présentation géographique générale, un plan de situation, l'identification et les objectifs pédagogiques des gestionnaires, les agréments du centre, la vie pratique (richesses du milieu d'implantation, horaires, conseils en équipement), la sécurité...

Chaque année, une subvention du ministère de l'Éducation nationale est attribuée aux inspecteurs d'académie, à leur demande. Ils sont chargés d'en effectuer la répartition entre les collectivités ou associations organisatrices de classes de découverte. Ces subventions varient en fonction du nombre d'élèves du département qui ont bénéficié l'année précédente d'un séjour à ce titre, et du taux d'augmentation de ce nombre d'une année sur l'autre. Seules les classes de découverte dont la durée est de dix jours minimum peuvent prétendre à une aide financière de l'État.

En fonction des dépenses, les instituteurs font des demandes de subventions aux organismes suivants : l'inspection académique, la Caisse d'allocations familiales, les comités d'entreprise, la mairie, les organismes bancaires... et comptent sur la participation des parents.

En ce qui concerne les structures professionnelles, les Haras nationaux et le ministère de l'Agriculture peuvent attribuer une aide en équipement.

L'ÉQUITATION À L'ÉCOLE

Tous les enfants n'ont pas la chance de partir en classes de découverte « poney » pour trois semaines. Néanmoins, certains auront peut-être l'occasion d'effectuer des cycles de sensibilisation à l'équitation, au cours de leur année scolaire. Quelques départements de la région parisienne tels les Yvelines, le Val-d'Oise, les Hauts-de-Seine... ont particulièrement développé cette activité à l'école.

Apprendre à s'occuper des chevaux, ce n'est pas seulement les brosser et les nourrir. C'est aussi entretenir le matériel, par exemple savoir nettoyer une selle afin que son cuir reste souple et ne blesse ni le dos de la monture ni... l'anatomie du cavalier.

Le travail en équipe est obligatoire lors de l'équitation à l'école ; le moniteur reste le plus qualifié des pédagogues lorsqu'il s'agit d'apprendre à monter à cheval, tandis que l'instituteur est le maître d'œuvre général qui saura remettre chaque expérience dans un cadre éducatif plus large.

Il s'agit d'un projet pédagogique entièrement conçu par un instituteur motivé et ses élèves, visant à leur faire découvrir le cheval et l'équitation. Une dizaine de séances par trimestre sont accordées à l'équitation proprement dite, dans un poney-club ou un centre équestre. Ces séances sont accompagnées d'une exploitation de l'équitation dans toutes les matières scolaires.

Ces cycles sont réservés aux classes primaires (CE 2, CM 1, CM 2) où les enfants, entre 9 et 12 ans, ont déjà surmonté certains handicaps – la peur par exemple – et possèdent une stature qui leur permet de tenir à cheval. Dans les Hauts-de-Seine, une cinquantaine de classes fonctionnent ; dans les Yvelines, une centaine... Tout dépend de l'implantation géographique des écoles par rapport aux centres équestres.

Ainsi, des classes de vingt à vingt-cinq enfants se regroupent une fois par semaine environ dans un club hippique pour une demi-journée. Scindés en général en deux groupes, les uns montent pendant que l'autre groupe reste sous la responsabilité de l'enseignant qui initie ce petit monde à l'hippologie, ou propose des animations. La sélection des projets pédagogiques envoyés par les instituteurs se fait conjointement par l'inspection académique, les conseillers pédagogiques et le ministère de la Jeunesse et des Sports, qui décident également du nombre de classes du département pouvant en bénéficier.

L'instituteur est la clé de tout ce dispositif, il a l'initiative du projet et s'engage à le défendre jusqu'à sa réalisation. Il pourra évoquer les défauts de l'éducation physique dans son établissement, le manque de terrain, le manque de gymnase, avant d'expliquer les raisons de ses choix : tel centre équestre est choisi pour son manège, ses salles chauffées pour les enfants, ses chevaux et ses poneys en nombre suffisant, l'environnement, le transport, les équipements... Il devra surtout avoir intéressé les parents d'élèves accompagnateurs.

Le rythme des séances et leur progression se fait en accord avec le moniteur d'équitation et l'instituteur, au besoin le conseiller départemental spécialiste de l'éducation physique. Le moniteur, technicien, et l'instituteur, pédagogue, doivent accepter chacun le rôle de l'autre pour une bonne coordination.

Au cours de la première séance, deux par deux, les enfants prennent contact avec un poney. L'un monte en selle, l'autre tient les rênes à pied. Dès la deuxième séance, les enfants sont prêts à monter chacun leur poney, qu'ils retrouveront à chaque séance. Ils s'y attachent et la confiance s'instaure plus facilement. Des exercices d'assouplissement permettront aux enfants de prendre conscience de leur équilibre, avant d'aborder le trot individuellement, puis le galop. S'ils montrent des capacités suffisantes, le moniteur peut faire « goûter » aux plus doués les joies du saut d'obstacles. Au cours de ce cycle, l'équitation donne un sens à l'activité scolaire. Les enfants mettent à profit leur expérience lors des rédactions, en travaillant sur des photographies, en calculant la diagonale d'un manège, en comprenant l'évolution du cheval, son anatomie, sa nourriture, etc.

Ces classes sont financées en partie par la municipalité, par les Haras nationaux, par le conseil général et par le poney-club qui établit un forfait. Dans certaines communes, les classes s'autofinancent, surtout si elles veulent renouveler l'expérience. Les parents sont également mis à contribution en fonction de leurs moyens.

Enfin, plus rares, certaines écoles primaires, comme le Cours Thomas à Strasbourg, ont volontairement calqué leur emploi du temps sur celui pratiqué couramment en Grande-Bretagne. Les cours n'occupent que la moitié de la journée, la seconde moitié est consacrée à différentes activités sportives dont l'équitation à poney. Pour les fondateurs de cette école, les raisons de ce choix sont simples : l'animal permet à l'enfant d'accéder à un univers plus naturel et l'équitation d'acquérir une certaine maîtrise de soi.

En plus des matières classiques inscrites au programme officiel, les enfants assistent trois ou quatre heures par semaine à des cours d'hippologie et de soins aux chevaux, et vont monter à cheval au centre équestre.

Toute forme d'initiation à l'équitation par le biais de l'école est une chance unique pour ce sport et pour les enfants. Mais il est nécessaire de trouver une passerelle pour permettre à ces derniers de continuer cette activité. Malheureusement, seuls 5 à 10 % des enfants initiés par l'école continuent à monter en club par la suite. Mais c'est un début !

Après la découverte de ce nouveau compagnon de jeu, l'enfant est entraîné par le poney dans un cycle d'éveil très complet : connaissance de son propre corps, pour l'équilibre et la résistance, connaissance des besoins d'un être vivant et responsabilité vis-à-vis de lui, élaboration d'un esprit d'équipe...

L'ÉQUITATION EN CLUB

INTERVIEW

Jean d'Orgeix

HISTOIRE

Le cheval camargue

DOSSIER

Généralités • Les examens • Les débouchés professionnels • Les activités en club • La voltige • Le horse-ball • Les jeux équestres • Les amazones • L'équitation américaine

INTERVIEW

Jean d'Orgeix
Premier entraîneur national de saut d'obstacles en 1973, brillant cavalier au palmarès international.

☐ *Le club hippique est-il le passage obligé pour accéder à l'équitation ?*

Ce pourrait l'être ! Mais pas de la manière dont l'on conçoit l'équitation en club ! Pourquoi ce sport perd-il autant de cavaliers dans les deux premières années ? Parce que la plupart du temps les débutants sont obligés de se maintenir à la queue leu leu, le nez de leur cheval dans le derrière du précédent, comme au régiment ! Ceux qui « s'accrochent » et souhaitent faire de la compétition restent en club pour préparer les examens.

☐ *La tradition militaire influe donc encore sur l'esprit des clubs ?*

Indiscutablement. Ce qui était logique autrefois pour garder l'homogénéité d'une troupe n'a plus sa raison d'être aujourd'hui. C'est de la déformation militaire. Pourquoi demande-t-on encore aux cavaliers d'avoir tous la même « position » à cheval ? Ils ne vont pas défiler ! Demande-t-on aux chasseurs de marcher au pas, le fusil sur l'épaule droite ? Non ! Et le cheval là-dedans ? Et sa psychologie ?

☐ *Vous n'êtes donc pas favorable à l'instruction en reprise ?*

Non, pas telle qu'elle est pratiquée actuellement. On pourrait faire tourner autant de cavaliers – et je l'ai déjà fait, même avec des débutants – en les laissant travailler individuellement. L'instructeur est là pour observer, conseiller, faire des remarques. Chaque cavalier a ses problèmes. Quel instant merveilleux pour le cavalier néophyte que de sentir son cheval tourner à droite ou à gauche, par l'intermédiaire de sa propre volonté ! Il se sent fort, il s'amuse et se motive. Mais à suivre le cavalier précédent, il se lasse, surtout s'il sent que son cheval ne l'écoute pas.

☐ *Concrètement, que reprochez-vous à l'équitation en club ?*

Le cheval est riche en possibilités, et on ne le dit à personne. Moi, quand je vais au restaurant, je n'aime pas qu'on m'impose un menu unique. J'aime avoir le choix. En équitation, c'est pareil. On devrait pouvoir goûter à toutes les activités, sans être obligé de se maintenir dans un cadre rigide. Une personne qui accède à l'équitation à cinquante-cinq ans n'a pas les mêmes desseins qu'un adolescent de treize ans ! Or, on ne lui demande jamais si elle préfère se balader, faire de l'attelage ou du dressage. Non ! On lui impose « l'instruction équestre » !

☐ *Y a-t-il une équitation idéale ? Un club idéal ?*

Pour moi, le plus beau cavalier du monde, c'est le cow-boy, qui s'en va par plaines, monts et vallées, librement. Il en sait plus que le cavalier qui a les bottes les mieux cirées du centre équestre ! Quant au club idéal, c'est celui où l'on vous demande : « Que souhaitez-vous faire en équitation ? » Celui où, en fonction de vos goûts, on vous apprend ce que vous voulez, où on vous autorise à monter comme vous le souhaitez, dans le respect du cheval, dans la décontraction. En Angleterre, ça existe ! Les cavaliers montent comme ils le désirent !

La meilleure équitation, c'est celle que l'on pratique par plaisir – et le plaisir d'un cavalier de promenade vaut bien celui d'un passionné de concours hippiques.

La fin du siècle dernier fut une époque charnière pour l'équitation. Jusque-là le cheval avait été le compagnon indissociable des voyages, des transports, des guerres et des conquêtes. L'éducation équestre était indispensable pour faire son chemin dans le monde, et les militaires avaient même si bien développé l'« art équestre » dans leurs écoles de cavalerie que de nombreux civils s'y instruisaient, pour devenir écuyers et professer à leur tour, cette fois par amour du cheval et non plus maîtrise du combat. Ces « manèges » d'équitation eurent beaucoup de succès, et les chroniques de l'époque mentionnent nombre de défis équestres lancés entre civils et militaires, ou entre civils d'écoles différentes. Les querelles les plus célèbres restent celles opposant les tenants de l'« équitation d'extérieur », en terrains variés, aux partisans de la monte en manège fermé. Faux procès en fait, comme peut le montrer toute étude approfondie des principes exposés par les deux « ennemis » d'alors, le comte d'Aure et Baucher. Chacun, à sa manière, essayait seulement d'obtenir la plus parfaite harmonie avec sa monture.

Car là réside la grande évolution de l'équitation depuis le Moyen Âge, le temps des lourds destriers, des éperons pointus et des mors démesurés : on n'utilise plus la force pour faire obéir le cheval, mais la communication. Cette recherche du dialogue a pour but d'éliminer le maximum de gestes superflus de la part du cavalier, d'arriver à la transmission des ordres avec le plus de discrétion et de rapidité possibles. Ce que les militaires vivent comme une obligation (ce peut être cause de vie ou de mort sur un champ de bataille), les civils le conçoivent comme un jeu, un « sport » disent les Anglais. Les officiers eux-mêmes en viennent à élaborer des rencontres amicales équestres, les premiers concours de dressage, de saut d'obstacles ou de cross.

Avec l'apparition de l'automobile, les civils découvrent un autre domaine d'exploits, et les militaires une autre arme. Le cheval connaît alors une désaffection catastrophique : la population équine française va diminuer des trois quarts en un quart de siècle ! Heureusement, de nombreux amoureux du cheval vont réagir et fournir à celui-ci une autre raison d'être élevé que l'utilisation comme véhicule ou comme cavalerie. Les ébauches d'épreuves sportives vont se développer, les centres équestres civils vont se multiplier et remplacer l'apprentissage militaire. Au départ, la plupart des encadrants vont être bien sûr des officiers, et c'est ainsi que l'équitation en France conserve une tradition rigide plus en rapport avec la discipline d'un régiment qu'avec l'ambiance d'un club de loisirs ! Très longtemps les structures ont été celles de centres administrés comme des associations régies par la loi de 1901, avec un président et un trésorier bénévoles élus parmi les membres du comité directeur du club. Ce n'est que récemment que les structures d'établissements professionnels se sont développées, la direction du centre étant tenue par un encadrant diplômé d'État. Actuellement les deux structures coexistent, sans que l'on puisse affirmer que l'une ou l'autre soit la meilleure : la qualité des soins apportés aux chevaux est de toute façon vérifiée et donne lieu à un classement de l'établissement. Quant à l'ambiance entre les cavaliers, elle dépend avant tout de la personnalité du moniteur !

LE CHEVAL CAMARGUE

Le cheval de club type a lui aussi beaucoup évolué depuis le début du siècle. Lors de la mise à la retraite des chevaux de l'armée, de nombreux militaires recyclés dans l'enseignement équestre purent en acheter et monter ainsi des écuries constituées de grandes et fortes montures. L'élevage le plus touché par la crise équine était, outre celui des chevaux de trait, celui du cheval dit « normand », costaud et plus apte aux chevauchées puissantes qu'au dressage en manège ; c'est pourtant parmi eux que se recrutèrent aussi les cavaleries d'une

Les difficiles conditions de vie dans les marais, à l'embouchure du Rhône, ont à la fois façonné un cheval rustique, le camargue, et protégé sa race jusqu'à ce que les hommes le domestiquent pour qu'il les aide dans l'élevage d'un autre superbe produit du lieu, le petit taureau camarguais.

grande partie des associations hippiques. Heureusement les éleveurs français surent adapter leur production ; désormais, nos produits nationaux sont parmi les meilleurs. Une race autochtone de qualité demeure pourtant insuffisamment connue parmi les dirigeants de clubs, bien qu'elle présente de très nombreux avantages sur les autres montures : c'est le cheval camargue.

Le camarguais, ou cheval camargue, mesure entre 1,38 mètre et 1,45 mètre au garrot, lorsqu'il est élevé dans sa région d'origine, le delta du Rhône. Transplanté dans des prairies plus riches, au nord de la France, il peut atteindre près de 1,50 mètre. Toutefois, en moyenne, il ne dépasse pas 1,47 mètre et devrait donc être considéré comme un poney. Mais sa morphologie générale le fait classer parmi les chevaux. Il a des membres solides, un dos proportionnellement long, une tête carrée au profil droit très différente de celle des chevaux ibériques. Sa robe est marron ou gris foncé à la naissance, s'éclaircit et devient gris clair à l'âge adulte, vers 4 ans. Ses origines remonteraient à près de trois mille ans avant notre ère, et il n'aurait pas changé vraiment de morphologie depuis lors, protégé par sa vie sédentaire dans les marais de Camargue. Tous les croisements que les éleveurs ont pu essayer, avec des chevaux arabes ou des races espagnoles, se sont révélés des échecs, perdant les qualités de rusticité de la race.

Son caractère docile et courageux, son agilité font de lui une monture idéale pour les gardians qui travaillent toujours à cheval parmi les troupeaux de taureaux camarguais. Avec ses allures souples et sa taille réduite, il est donc à l'aise dans un petit manège, et pour l'extérieur ses preuves ne sont plus à faire. Il est surprenant que si peu de centres équestres du nord de la Loire l'aient adopté ; en revanche, il fait la fortune des établissements du Sud, où les vacanciers sont ravis de cette exceptionnelle monture.

Les centres équestres, affiliés à la Fédération française d'équitation – Délégation nationale aux sports équestres (DNSE) –, sont regroupés par régions, au sein de ligues régionales. Au nombre de vingt-huit, ces ligues sont des associations sans but lucratif, qui gèrent par délégation les licences de leur territoire et les examens fédéraux. Elles se chargent de transmettre et de faire appliquer les différentes réglementations fédérales au niveau des compétitions et d'assurer les meilleures liaisons possibles avec la Direction des Haras nationaux de la circonscription dont elles dépendent. Ainsi l'attachement d'un club à la fédération passe obligatoirement par le président de la ligue dont il relève.

Tous ceux qui souhaitent débuter en équitation, entrer dans le monde du cheval, gravir les échelons qui consacrent leur aptitude et leur progression, passent d'abord par la structure sécurisante du club, quel que soit leur âge.

Commencer très jeune est un avantage, à condition de surveiller les périodes de pleine croissance, notamment au niveau du dos. Beaucoup de jeunes cavaliers transitent du poney au cheval vers l'âge de 12-13 ans. Tout club, avant d'accepter un très jeune cavalier, devrait juger son gabarit et conseiller sincèrement les parents. Ne nions pas que l'équitation est au septième rang des sports à risque... On tombe de haut !

Sur une estimation globale de quatre cent mille cavaliers en France, près de cent soixante-dix mille licenciés fréquentent les clubs. Les plus nombreux ont entre 11 et 16 ans. Le taux de fréquentation baisse d'un tiers entre 17 et 21 ans pour largement remonter après. Sur l'ensemble de ces catégories, les femmes sont presque deux fois plus nombreuses que les hommes.

Les assidus des clubs sont en général des particuliers qui viennent monter une à deux heures par semaine en « reprise » collective ou en balade, sur des chevaux prêtés par le club. Certains cavaliers sont propriétaires d'un cheval, qu'ils placent en pension au club. Ceux-là montent régulièrement – seuls ou sous les conseils d'un enseignant – ou bien seulement le week-end, laissant leur cheval « au pair » le reste de la semaine. D'autres enfin, ayant déjà acquis un certain niveau d'équitation, partagent la demi-pension d'un cheval avec un autre cavalier, ce qui leur permet une plus grande souplesse dans leurs horaires.

Sur trois mille centres équestres répertoriés en France, on distingue deux classes d'établissements :

– *des clubs,* sous forme d'associations régies par la loi de 1901, tous affiliés à la fédération. Ils sont les plus nombreux car ils n'engagent pas de capitaux propres. La moitié de ces clubs sont des associations qui ont des enseignants et forment des cavaliers, l'autre moitié, des associations sans structure (cavaliers propriétaires, écuries de concours, associations visant à promouvoir l'équitation, associations de cavaliers de compétition...) ;

– *des établissements professionnels,* qui ne sont pas obligatoirement affiliés à la fédération. Ils sont de quatre types :

· les écoles élémentaires d'équitation (affiliées si elles veulent pratiquer la compétition),
· les maîtres de manège,
· les loueurs d'équidés,
· les écoles de dressage.

Les départements les plus riches en clubs hippiques sont entre autres les Yvelines, la Seine-et-Marne, le Nord, l'Oise, les Bouches-du-Rhône, l'Essonne, le Calvados, le Pas-de-Calais, Paris, l'Eure.

Les plus démunis sont le territoire de Belfort, la Savoie, la Lozère, la Haute-Saône, le Cantal, la Seine-Saint-Denis.

Beaucoup de clubs n'obligent pas leurs adhérents à prendre une licence, ce qui fausse les statistiques en ce qui concerne le nombre de cavaliers par club. Un club peut annoncer cinquante licences et avoir trois cents membres.

Un club moyen tourne correctement avec quinze chevaux et cent membres. À moins, il ne s'en sort pas.

Tous les clubs sont classés par catégorie, de la quatrième, la plus basse, à la première, normalement annoncée par un panonceau à l'entrée de l'établisse-

L'aménagement des clubs est très surveillé par les services des Haras nationaux et les commissions vétérinaires. Ne nous y trompons pas, l'hygiène dans laquelle vivent les chevaux est le facteur le plus important. Un box aux portes de guingois, mais correctement paillé, vaut bien les grandes stalles de certains haras. Méfions-nous également des réactions de propreté « citadine » : une bonne toile d'araignée protège mieux le cheval des mouches, en été, que tous les insecticides !

ment. Le classement résulte de l'examen de six facteurs, selon trois critères : sécurité, adaptation, qualité.

– *L'implantation* (accès et possibilités de sorties des cavaliers, répartition des locaux, facilités de communication, site, logement du personnel...).

– *L'infrastructure d'exploitation* (hygiène, écuries, équipements électriques, lutte contre l'incendie, aération, choix des matériaux de construction, tenue générale...).

– *L'accueil* (stationnement des véhicules, circulation des chevaux, nombre et agencement des bureaux aménagés, vestiaires, installations sanitaires...).

– *La cavalerie* (bon entretien des chevaux, alimentation, effectif des chevaux pouvant travailler, nombre d'enseignants...).

– *La sellerie* (solidité des rênes, des mors, des sangles, variété des harnachements, rangement, matériel d'entretien...).

– *L'activité* (capacité professionnelle, importance numérique et réputation de l'encadrement, tenue de la comptabilité, administration, résultats aux examens, ambiance...).

Les trois premières catégories ne peuvent être attribuées qu'à des établissements pouvant dispenser l'enseignement en équitation.

Aucune association hippique ne peut être agréée si elle ne s'est pas au préalable soumise à l'application de ce classement, revu tous les ans.

Dans la plupart des clubs, le choix des horaires prévus pour monter en « reprise » est vaste, étudié en fonction des impératifs scolaires ou professionnels de chacun. Les clubs de moyenne importance fonctionnent principalement le mercredi, le samedi et le soir de 18 à 22 heures. Certains clubs sont ouverts le dimanche matin. En général, les chevaux bénéficient d'une journée de repos hebdomadaire.

En région parisienne, où les centres équestres sont surpeuplés, comme dans certains clubs de vacances, les chevaux travaillent en moyenne quatre heures par jour. La Ligue française pour la protection du cheval peut intervenir si on lui signale un club qui fait travailler ses chevaux de manière excessive.

Les clubs qui brassent tous les niveaux d'équitation oublient parfois l'importance d'une bonne initiation, sur des chevaux bien dressés, déterminante pour la destinée équestre du cavalier. C'est au cours de l'initiation qu'on enregistre le plus grand nombre d'abandons, particulièrement chez l'adulte.

Pages suivantes. Pour qui veut animer un club de randonnée, il n'est pas nécessaire de partir loin ni longtemps à tout prix. Un paysage agréable et un circuit bien organisé sont évidemment indispensables, mais ce sont les qualités de l'encadrant et celles de ses chevaux qui feront la différence.

Seller un cheval :
– après avoir prévenu le cheval de son approche, lui mettre le tapis de selle sur le dos, assez en avant ;
– poser la selle en douceur, toujours en avant, juste derrière le garrot ;
– bien dégager le garrot en relevant le tapis de selle à cet endroit, et en faisant légèrement glisser la selle vers l'arrière pour qu'elle prenne sa place ;
– après avoir fait le tour du cheval pour vérifier le bon positionnement des quartiers droits et avoir descendu la sangle jusqu'alors posée sur le siège, revenir sur le côté gauche et ajuster la sangle sous le ventre du cheval, à un travers de main sous le poitrail ;
– enfin, boucler la sangle, sans serrer ;
– il ne reste plus qu'à descendre les étriers en place... et à ressangler avant de monter en selle.

Pour répondre aux différents problèmes posés par l'initiation, un centre équestre du bois de Vincennes adopta en 1978 une méthode mettant à la disposition des débutants des moyens spécifiques pour une initiation efficace et sans douleur. La « surselle » en est l'élément prépondérant, transformant une selle anglaise ordinaire – sur laquelle les débutants ont beaucoup de mal à se stabiliser – en selle creuse, dont l'arrière et l'avant sont fortement relevés, liant automatiquement le débutant aux mouvements de son cheval et l'empêchant de tomber. L'Union nationale des centres sportifs de plein air (UCPA), qui a imaginé et mis en œuvre cette méthode pédagogique depuis quatre ans, n'y voit que des avantages : sécurité totale, agrément (les cavaliers peuvent sortir en balade dès la première heure), mise en confiance, facilité d'emploi...

L'inscription en club se fait au mois, au trimestre ou à l'année, en reprise collective ou individuelle. Il existe également un tarif « heure passager » pour le cavalier débutant qui hésite à se lancer. La cotisation annuelle est obligatoire, la demande de licence recommandée. Notons que cette licence comprend une assurance plus une responsabilité civile, qu'elle permet de passer les examens et, à un plus haut niveau, est obligatoire pour pratiquer la compétition. Pour cette activité, un certificat médical est demandé, portant la mention suivante « aptitude à la pratique de l'équitation de compétition ».

L'équipement minimum obligatoire se limite au port de la bombe. La commission médicale de la Fédération française d'équitation a remis en cause l'efficacité de celle-ci : elle n'offre aucune protection de la zone temporale, qui par fracture peut conduire à des séquelles définitives. Un compromis a donc été recherché entre l'augmentation du volume de rembourrage indispensable à un bon niveau de protection et les aspects de confort, de poids et d'esthétique de la coiffure. Les bottes sans talons et la culotte de cheval permettent de mieux se positionner sur l'animal. En se perfectionnant, on adopte des accessoires pour une équitation plus fine, comme la cravache, les éperons... Sellerie et harnachement sont fournis par le club.

Les tarifs varient selon les clubs et les régions, de façon très nette entre Paris et la province. Ils dépendent du nombre d'activités proposées, de l'enseignement, du terrain, de la préparation aux examens.

La cotisation annuelle varie entre 250 et 300 francs en province, entre 700 et 800 francs à Paris. La licence coûte 160 francs, 90 francs pour les juniors. Prise individuellement, elle coûte 220 francs. Le tarif de l'heure est environ de 50 à 80 francs, mais les clubs fonctionnent généralement en forfaits trimestriels, à raison d'une heure d'équitation par semaine. Certains centres organisent des stages sur une semaine ou quinze jours, durant les vacances scolaires. Une semaine de stage pour des cavaliers de bon niveau coûte entre 1 500 et 3 000 francs. Certains clubs, placés dans des lieux touristiques, ne vivent que grâce à ces stages extra-scolaires. Mais ils n'ont pas tous l'infrastructure nécessaire pour héberger des stagiaires. En zone urbaine, ces derniers se rendent au club pour monter pendant la journée et rentrent chez eux le soir ; en province ou dans les zones rurales, les stages « vacances » comprennent souvent l'hébergement et la nourriture.

Beaucoup de clubs fonctionnent grâce à l'aide de stagiaires bénévoles, qui en échange des soins et de l'entretien des chevaux peuvent monter. Mais attention à s'assurer d'un échange équilibré : du travail contre une formation. Il faut se méfier de ces formules de stages payants, où les adolescents sont chargés des pires corvées, sous couvert d'une formation illusoire.

Les examens

La vie équestre en club est ponctuée d'examens fédéraux de difficultés croissantes, sanctionnant un niveau de connaissances théoriques et pratiques en équitation, en hippologie et soins aux chevaux. Ils sont actuellement au nombre de six, certains pouvant comporter des options, ou permettant l'accès à la compétition et au brevet d'État d'éducateur sportif du premier degré (BEES).

La réforme des examens (« galops »), entreprise par la FFE et expérimentée par le Poney-Club de France, n'a pas encore modifié le panorama des examens d'équitation. Nous les présentons donc ici sous leurs dénominations officielles à ce jour.

– *L'étrier de bronze :* examen élémentaire ne comportant pas d'épreuves théoriques.

– *L'éperon de bronze* (âge : 8 ans minimum) *:* examen qui exige certaines connaissances théoriques en hippologie et en équitation. On juge le bon emploi des aides et l'acquisition d'une certaine aisance à cheval.

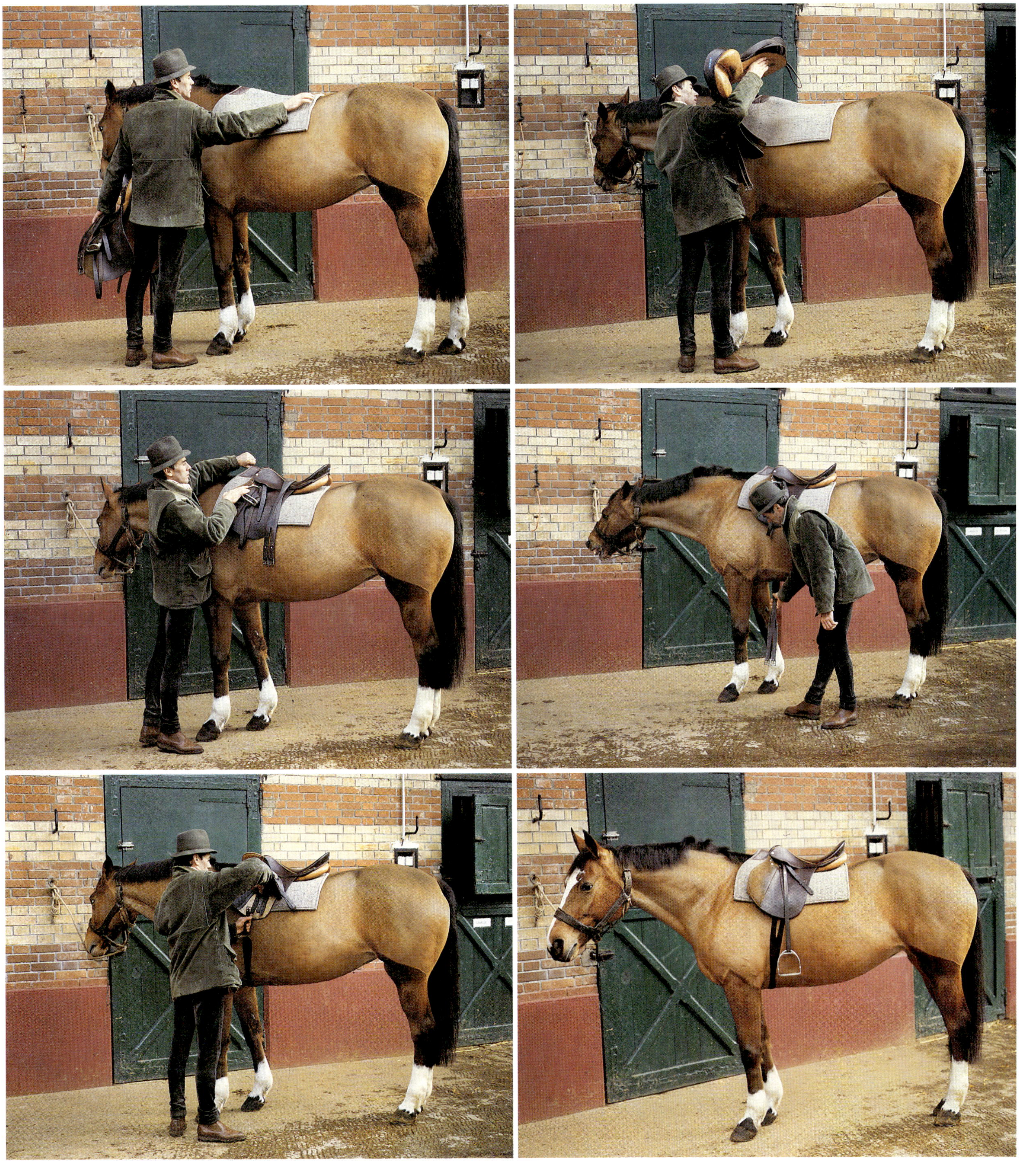

– *L'étrier d'argent :* épreuves pratiques seulement, où l'on juge la facile utilisation de sa monture par le cavalier et un début d'acquisition du tact équestre.
– *L'éperon d'argent* (âge : 12 ans minimum) *:* examen accordé à des cavaliers capables d'utiliser individuellement un cheval dressé et de le soigner seul. Il permet d'obtenir la licence de compétition en fonction de l'option choisie pour l'examen : option B (dressage), option A (toutes disciplines).
– *L'étrier de vermeil :* examen de spécialisation du cavalier, comportant trois options : dressage, saut d'obstacles, équitation d'extérieur. Il ne comporte que des épreuves pratiques, mettant en évidence les qualités d'exécutant du candidat et sa compréhension des procédés de dressage.
– *L'éperon de vermeil* (âge : 15 ans minimum) *:* le cavalier est à même d'éduquer un jeune cheval jusqu'à sa première sortie en compétition.

Les cavaliers de moins de 17 ans peuvent passer des examens fédéraux sur des poneys. Les cavalières peuvent monter en amazone. L'utilisation de la « selle américaine » ou dérivée est autorisée pour les sessions organisées à l'intention des associations de « ranchmen » et randonneurs équestres.

Les débouchés professionnels

Le brevet d'État d'éducateur sportif (BEES) du premier, deuxième ou troisième degré, option « activités équestres » a été l'objet d'une réforme – signée le 6 février 1987 –, modifiant profondément les contenus de formation et ses modalités d'attribution.

On a trop longtemps formé des enseignants selon des méthodes qui ne tenaient pas compte de la réalité quotidienne. Les nombreuses disciplines équestres ont chacune leurs propres diplômes, installant un peu d'anarchie au sein de l'équitation. La mise en place de ce brevet vise à éliminer les tabous concernant certaines disciplines en proposant aux moniteurs des options, afin qu'ils forment eux-mêmes leurs élèves dans une optique multidisciplinaire.

La pluralité des activités doit être source de richesse et non de guerre. L'élargissement des connaissances des futurs cavaliers devrait leur permettre d'acquérir une formation plus solide et de mieux appréhender les possibilités qu'offre le cheval.

En rendant obligatoire une option et des certificats de pratique greffés sur une partie générale, ce brevet présente le double avantage de réunir l'ensemble des courants existants dans l'activité équestre. Il permet de donner aux futurs enseignants la possibilité d'évoluer au cours de leur carrière.

Le programme

Les brevets d'éducateur sportif à trois degrés comprennent deux examens : une formation commune et une formation spécifique.

- *La formation commune*

Elle est identique pour tous les sports.

Pour le premier degré, elle porte sur le pratiquant, l'éducateur sportif en relation avec les pratiquants, le cadre institutionnel de la pratique sportive.

Pour le deuxième degré, elle traite du sport et de l'éducation sportive, des sciences biologiques et des sciences humaines appliquées au sport.

Pour le troisième degré, la rédaction d'un mémoire est accompagnée d'une interrogation de langue vivante et étrangère.

Les Directions départementales de la jeunesse et des sports organisent des cours du soir, des week-ends, des stages de longue durée qui permettent une bonne préparation à cette formation.

- *La formation spécifique*

Elle se fait en deux ans dans un centre agréé avec des possibilités de financement par la formation professionnelle, dont les crédits sont gérés régionalement. Le candidat doit être âgé d'au moins 18 ans et avoir subi avec succès le test de sélection.

Outre cette formation structurée, le brevet d'État d'éducateur sportif (BEES) premier degré prend en compte la diversité des activités équestres.

La formation spécifique comprend :
– *une option* parmi huit au choix : dressage, saut d'obstacle, concours complet, tourisme équestre, équitation sur poney, voltige, horse-ball, attelage. Chaque option est constituée d'une formation de huit unités de trente-cinq heures chacune (cinq unités pour les épreuves techniques, deux unités pour les épreuves pédagogiques, une unité pour les épreuves théoriques) ;

Toutes les options sont possibles lors de la préparation des brevets d'encadrement. La formation spécifique permet ainsi aux futurs moniteurs de se spécialiser dans les disciplines de leur choix et d'en aborder quelques autres afin de pouvoir ensuite conseiller leurs élèves en connaissance de cause. Cela devrait permettre d'éteindre la rivalité périmée entre « baladeurs » et « compétiteurs » !

– *deux certificats* obligatoires parmi les trente certificats de pratique permettant une initiation: animation poney, voltige, attelage, horse-ball, randonnée équestre, jeux équestres, polo, équitation pour les handicapés, monte en amazone, courses au trot, courses de plat au galop, courses d'obstacles, endurance, arbitre de horse-ball, arbitre de polo, juge de concours de dressage, juge de concours de saut d'obstacles, juge de concours complet d'équitation, commissaire de piste de saut d'obstacles, travail à pied, élevage, gestion, communication, comptabilité de centres équestres, organisation administrative, audiovisuel, informatique, équitation western, assistant vétérinaire, assistant maréchal-ferrant. Les candidats peuvent acquérir les certificats de pratique à n'importe quel moment de leur formation, chacun d'eux correspondant à une unité de formation de trente-cinq heures environ;
– *un stage pédagogique* en situation d'une durée minimale de quatre cents heures.

Pour se présenter aux examens ou brevet d'État d'éducateur sportif (BEES) du deuxième degré d'équitation, il convient d'être titulaire du BEES du premier degré depuis au moins deux ans. De même, pour se présenter aux examens du BEES troisième degré d'équitation, il convient d'être titulaire depuis au moins quatre ans du BEES du deuxième degré.

La première des activités en club hippique est... l'entretien de son cheval. Le doucher après l'effort, le toiletter avant les sorties et les concours, s'intéresser à son alimentation et à l'hygiène de son écurie permettent de mieux le connaître et d'aller plus loin dans la complicité avec lui.

La voltige est une discipline rigoureuse qui demande une grande préparation pour pouvoir être pratiquée en compétition ; mais ses rudiments suffisent souvent en club pour s'amuser, tout en développant son « assiette ».

L'enseignant ayant obtenu son brevet premier degré peut devenir salarié d'un centre équestre et remplir des fonctions administratives (accueil, gestion du personnel, comptabilité, animation...). Il peut aussi s'installer à son propre compte en louant ou en achetant un établissement. Il pourra en assurer la direction après avoir demandé, auprès du service des Haras nationaux, la délivrance d'une carte professionnelle.

Le niveau du BEES deuxième degré est reconnu comme correspondant à celui de directeur d'établissement hippique. Les titulaires de ce brevet peuvent en outre accéder par concours à la Fonction publique, en tant que cadre technique du ministère de la Jeunesse et des Sports.

Du moniteur récemment diplômé d'État au professeur titulaire d'un BEES du troisième degré, la grille des salaires s'étale de 5 500 francs à 11 000 francs.

Les activités en club

Il appartient au club lui-même de développer sa propre dynamique en créant des animations et de nouvelles activités équestres.

En dehors des reprises traditionnelles et des balades en forêt, le club peut organiser des épreuves classiques officielles, s'il est affilié à la DNSE, ainsi que des concours d'entraînement de saut d'obstacles ou de dressage. Ces rencontres amicales motivent les cavaliers n'ayant pas encore l'examen leur permettant de s'inscrire en compétition officielle.

Certains clubs proposent aussi des activités variées comme la voltige, le horse-ball, la monte en amazone, l'équitation américaine ou la pratique de jeux équestres.

La voltige

Sur un cheval non sellé, mais muni d'un surfaix – sangle à deux poignées –, le cavalier effectue toutes sortes d'exercices gymniques et acrobatiques, tandis qu'un aide fait tourner le cheval à la longe à toutes les allures (pas, trot, galop...). La voltige est faite de rythme, de souplesse et d'élan. Elle incite tout particulièrement à la coordination et à l'adaptation aux mouvements du cheval, dans la régularité, l'énergie et la fluidité. La voltige peut former de futurs cavaliers grâce à la familiarisation étroite avec le cheval, et l'acquisition optimale du liant et de la cadence, notions de base de toutes les disciplines équestres.

On peut pratiquer la voltige dès l'âge de 4 ans, de façon tout à fait ludique. D'une manière générale, c'est un sport de jeunes, qui exige une énergie et une souplesse particulières. Les filles sont souvent attirées par le côté esthétique, artistique et musical, les garçons par le côté physique...

Certains clubs se sont spécialisés dans cette discipline. Les uns utilisent l'aspect jeu et acceptent les enfants débutants, les autres sont axés sur la compétition, avec sélection et entraînement sportif. Les enseignants sont formés sur le plan pédagogique et suivent l'évolution physique des enfants. Des clubs « classiques » incluent dans leur programme quelques heures de voltige d'initiation.

S'il n'est pas nécessaire d'avoir pris des leçons d'équitation pour pratiquer la voltige, en revanche, une gymnastique préparatoire s'impose si l'on envisage de monter régulièrement.

La voltige demande peu d'équipement. Cependant, il est difficile de l'exercer seul chez soi car elle nécessite un bon cheval – sélectionné notamment pour son caractère peu émotif, sa régularité d'allures et son équilibre, adapté à la taille de l'enfant – et surtout un longeur professionnel.

De la voltige de loisir à la compétition, l'entraînement varie d'une fois par semaine à une fois par jour pour un travail régulier.

C'est une discipline abordable, qui coûte beaucoup moins cher que l'équitation en selle, si l'on considère le matériel utilisé ou, s'il y a lieu, la prise en charge de l'enfant. Le prix d'une séance varie entre 20 et 50 francs. La licence de la Délégation nationale (DNSE) comporte une assurance.

Il existe neuf examens : du premier au troisième chausson, puis du premier au troisième surfaix, qui ouvrent la porte à la compétition, et du premier au troisième tallatchoc, voltige en ligne réservée aux adultes et aux adolescents.

La compétition de voltige, officialisée en 1985 au rang de discipline internationale derrière le dressage, le

complet et l'obstacle, se pratique individuellement pour les seniors ou par équipes pour les juniors (moins de 18 ans). On dénombre environ une vingtaine d'athlètes français de haut niveau, sélectionnables en championnat d'Europe et du monde.

Les équipes sont mixtes – beaucoup moins de garçons que de filles –, jeunes (entre 6 et 12 ans) et comprennent neuf voltigeurs dont un remplaçant, plus un longeur et un cheval. Les voltigeurs en équipe ont moins de 18 ans, règle impérative justifiée par le poids maximal autorisé sur la monture : 150 kg. Une équipe bien constituée est formée de « grands » qui portent les pyramides et sont capables de soulever les demoiselles, de « moyens » pour les figures symétriques et de « petits » qui bondissent en haut de la pyramide.

Quatre sortes d'épreuves animent une compétition :

– *une épreuve par équipe* de neuf voltigeurs, réservée aux juniors ;

– *deux épreuves pour individuels* où hommes et femmes concourent séparément ;

– *une épreuve « pas de deux »* destinée aux voltigeurs de haut niveau, comportant des figures imposées à exécuter par les deux partenaires.

On peut assister à une dizaine d'épreuves nationales par an, ainsi qu'à de multiples challenges selon les ligues.

Le horse-ball

Jeune discipline, le horse-ball a vu le jour en France en 1976, grâce à Jean-Paul Depons, son père spirituel. Depuis 1978, un règlement officiel autorise les compétitions. Jeu collectif par excellence, le horse-ball s'apparente au rugby, au basket et à la voltige... le tout à cheval !

Le but du jeu est de ramasser à terre sans descendre de cheval un ballon pourvu de six anses de cuir et, par un jeu de passes, de l'envoyer dans des buts fixés à chaque extrémité du terrain.

On dénombre actuellement huit équipes de division I (le plus haut niveau), quarante équipes de division II, dix-neuf équipes féminines. La création d'une division III à caractère régional permet aux néophytes de débuter en compétition.

Chaque équipe est constituée de quatre cavaliers, plus deux remplaçants, changeant de côté à la mi-temps.

Une partie de horse-ball se déroule en deux périodes de dix minutes, séparées par une mi-temps de trois minutes. Les joueurs ne peuvent tirer au but qu'après avoir effectué trois passes entre trois joueurs différents de la même équipe. L'équipe qui marque le plus de buts gagne la partie.

Les passes peuvent se faire dans tous les sens, mais un joueur ne peut garder la balle plus de dix secondes sous peine d'encourir une pénalité.

Le cavalier de horse-ball possède une parfaite maîtrise du cheval dans les démarrages, les demi-tours et les accélérations. Il doit avoir le goût du contact, le sens de l'attaque sans trop d'agressivité, l'équilibre et la sûreté d'un voltigeur.

Le horse-ball est pratiqué dans une centaine de clubs, mais tous ne possèdent pas d'équipes de compétition !

Les dimensions du terrain peuvent varier entre 60 mètres par 20 mètres et 75 mètres par 25 mètres. Les buts sont des cercles d'un mètre de diamètre fixés verticalement à 3,50 mètres du sol.

Pour les cavaliers, l'équipement est simple : un casque avec mentonnière obligatoire, un maillot aux couleurs de l'équipe, des bottes, une culotte de cheval et des genouillères.

Pour les chevaux, le choix des embouchures reste libre, mais l'usage d'une martingale fixe et d'une bricole de chasse est autorisé à l'exclusion de tout autre enrênement. Les quatre membres sont obligatoirement protégés. Des sangles plates en cuir ou en nylon fixées aux deux étriers facilitent le ramassage de la balle à terre. Elles doivent présenter toutes les conditions de sécurité et d'ajustage.

Pour jouer en compétition, il suffit d'ajouter sur la demande de licence de compétition le signe HB et de faire remplir le certificat médical.

Sport de compétition à part entière, le horse-ball s'organise comme le football en poules régionales et championnats de France, chaque année. De plus en plus, les commanditaires apportent une aide financière importante aux meilleures équipes, qui portent les couleurs de l'entreprise.

Les compétitions se déroulent par match aller-retour permettant le classement des équipes par points. Les quatre premiers de chaque poule sont qualifiés pour les phases finales nationales IIe division qui se déroulent en trois étapes.

Les Français sont les seuls pour l'instant à jouer au horse-ball. À quand une coupe du monde ?

Le *paddock pato.* Né en Argentine quatre siècles plus tôt, c'est une variante du horse-ball qui fait depuis peu son apparition en France. Le jeu : deux équipes de quatre joueurs, quatre à six périodes de huit minutes et des paniers de but à 2,70 mètres du sol. Les cavaliers ont des selles de pato, recouvertes d'une peau de mouton, des étriers en bois et pas de sangle d'étrier. Celui qui détient le ballon a obligation de le tenir à bout de bras (à droite) pour l'offrir aux autres joueurs.

LES JEUX ÉQUESTRES

Les jeux individuels et par relais ou les jeux d'équipe sont des compétitions amusantes, auxquelles tous les chevaux peuvent participer. Elles sont bénéfiques pour l'entraînement des cavaliers, et utiles pour entretenir une bonne ambiance dans les clubs. C'est une mise à profit des conseils prodigués tout en s'amusant et en perfectionnant le « sens du parcours ».

– *Les relais de cavalettis :* le but du jeu est de franchir à cheval, le plus vite possible, les six ou sept cavalettis placés en ligne, mettre pied à terre en bout de piste, donner son cheval à un aide et retour à pied, selon le

En plus de la souplesse et de l'agilité, le horse-ball réclame un bon coup d'œil de la part du cavalier ! Le ballon manqué lors d'une passe, il s'agit de le ramasser à terre sans descendre de cheval, et le plus vite possible, avant l'adversaire — ce qui est loin d'être facile.

Les amazones passent partout et pratiquent la compétition en monte et tenue traditionnelles. Malheureusement, elles sont encore peu nombreuses à conserver active cette discipline, et encore moins à l'enseigner.

Page suivante.
Deux démonstrations classiques de l'équitation américaine, toujours fort pratiquées, notamment lors des grandes fêtes officielles : le rodéo au sens strict et la capture d'un taurillon au grand galop.

même principe, pour passer le témoin au cavalier suivant. Chaque équipe se compose de quatre cavaliers.
– *Le jeu de fanions :* il est couru par des équipes de quatre cavaliers en relais sur un parcours en slalom défini, dans le temps le plus court. Vitesse, aisance des cavaliers et maniabilité des chevaux sont exigées.
– *Le jeu de têtes :* il s'agit de renverser des têtes selon un ordre précis sur un parcours imposé, à l'aide d'une pique ou d'une lance dans le meilleur temps.
– *La course aux tonneaux :* c'est une épreuve chronométrée autour de sept tonneaux disposés en quinconce.
– *Le jeu des aiguillettes :* jeu d'adresse au cours duquel un cavalier au galop doit enfiler trois anneaux sur une lance.
– *Le relais des portes :* slalom comme au ski, avec cette différence que les portes ne tombent pas...
– *Le tri-att :* combiné de trois jeux individuels ; les aiguillettes, les têtes et les tonneaux.

Un championnat de France des jeux équestres se déroule chaque année, constitué de cinq spécialités. Les huit premières régions sont primées.

Les amazones

L'Association nationale des amazones traditionnelles (ANATRA) s'est désormais affiliée à la Délégation nationale aux sports équestres en constituant une commission fédérale des amazones traditionnelles.

Environ six cents cavalières françaises montent en « selle de dame » – dont deux cent cinquante licenciées à l'ANATRA –, par volonté de perpétuer la tradition dans un monde moderne, par goût d'une certaine féminité sportive, ou tout simplement par envie de pratiquer une nouvelle activité.

On peut débuter l'équitation en amazone dès l'âge de 11 ans, bien que la plupart des amazones aient déjà un bon niveau à califourchon. Elles prouvent qu'elles peuvent aller partout en selle de dame, et sont déjà présentes dans quelques concours de saut d'obstacles. Une trentaine de centres équestres seulement possèdent déjà leur section « amazone », plus ou moins importante en fonction de la demande. Certains clubs acceptent les débutantes, d'autres demandent le niveau de l'étrier d'argent.

On peut tout faire en amazone, mais le travail n'est pas le même qu'à califourchon. La cravache remplace la jambe droite, la main qui est plus éloignée de la bouche du cheval de par la position du corps se doit d'être précise et légère, et l'action de l'assiette est essentielle.

Les chevaux utilisés ne sont pas spécialisés à cette monte. Toutefois, certains supportent plus ou moins bien la répartition du poids. Attention aux chevaux chatouilleux !

Une selle d'amazone coûte environ 4 500 francs. On peut en trouver d'anciennes à restaurer, à condition qu'elles correspondent à sa propre taille. Une tenue complète (la jupe et la veste) coûte environ 600 francs, et on trouve un demi haut-de-forme (cronstadt) entre 500 et 1 000 francs. Une amazone se doit d'être coiffée.

LES EXAMENS

Du niveau élémentaire au plus haut niveau : première et deuxième fourches de bronze, première et deuxième fourches d'argent, première et deuxième fourches d'or.

Une amazone peut également se présenter aux examens fédéraux classiques dans les fourches.

La deuxième fourche d'argent permet de sortir en compétition. Sur la licence fédérale, apparaît la mention spécifique « amazone ».

Cette discipline, qui accueille de plus en plus d'adeptes passionnées, manque d'enseignants. La tradition héritée ne suffit plus. Le brevet d'État d'éducateur sportif du premier degré propose une option « amazone ». Pour les encadrements, il existe un brevet de technicien conseil pour la monte dans les fourches (BTCMF) – éperon d'argent exigé – ainsi qu'un certificat d'aptitude à l'enseignement de la monte dans les fourches (CAEMF) – BEES exigé.

L'ÉQUITATION AMÉRICAINE

L'Association française d'équitation américaine (AFEA) a été créée en 1979 afin de développer la pratique de l'équitation américaine en France, et d'y promouvoir l'apaloosa et le quarter horse. Issu d'une monte exceptionnelle, imposée par le travail de ranch, le « western riding » réunit plusieurs épreuves.

Il existe actuellement deux centres en France où l'on peut s'initier à cette forme d'équitation : l'American Equitation Center, à Vimoutiers (Orne) et Cheval Nature à Condé-sur-Vesgre (Yvelines).

Les concours d'équitation américaine se répartissent en plusieurs classes :

– *la « youth class »* est ouverte aux cavaliers âgés de 14 ans maximum ;
– *l'« amateur class »* est ouverte à tous les cavaliers n'ayant pas de rémunération en tant qu'entraîneur ou moniteur ;
– *l'« open class »* est ouverte à tous les cavaliers et aux chevaux de selle sans distinction de race.

La tenue obligatoire du cavalier western, en démonstration ou en concours, comprend un chapeau western, des bottes western, une chemine à manches longues baissées. Le port de « chaps » est recommandé. L'utilisation d'une selle western et d'un tapis de selle est obligatoire.

La notation d'une épreuve se fait sur une base de 60 à 80 points : 60 % sur le cheval, 30 % sur le cavalier, 10 % à la discrétion du juge.

Tout concours homologué réunit un ou deux juges, un directeur de concours, un directeur de piste, un présentateur et un minimum d'hommes de pistes.

LES ÉPREUVES

– *Showmanship :* montrer l'habileté du cavalier à présenter et à mettre en valeur son cheval ;
– *Western pleasure :* entièrement noté sur le travail du cheval lors d'un parcours aux trois allures ;
– *Western horsemanship :* habileté du cavalier à monter à cheval ;
– *Trail :* passage d'obstacles ;
– *Western riding :* le cheval doit concourir à une vitesse raisonnable avec assurance et souplesse ;
– *Reining :* guider le cheval sur un circuit donné et contrôler chacun de ses mouvements ;
– *Barrel racing :* course de fûts ;
– *Pole bending :* épreuve chronométrée, autour de six poteaux ;
– *Cutting :* sert à examiner l'opportunité d'une classe ;
– *Working cow horse :* travail du bétail.

Si ces épreuves sont ouvertes à tous les chevaux de selle, les meilleurs sont sans contexte les quarter horse et les apaloosa. Mais un quarter horse, en provenance des États-Unis, vaut 60 000 francs minimum !

Le « barrel racing » est une épreuve désormais pratiquée dans de nombreux pays par les adeptes de la monte western. La vitesse de démarrage et l'agilité du quarter horse et de l'apaloosa font des merveilles lors du slalom entre les fûts.

3
CUSTOM

SPORT INTENSIF ET FORMATION

INTERVIEW

Dominique Flament

HISTOIRE

Le trotteur français

DOSSIER

Les lycées sport-études • Les formations professionnelles • Les professions liées aux courses • Le personnel de l'administration des Haras nationaux • Les sports équestres militaires • Vétérinaire

INTERVIEW

Dominique Flament
Instructeur à l'École nationale d'équitation de Saumur, détaché auprès de l'entraîneur national pour les jeux Olympiques de Séoul (1988)

☐ *Votre fils a passé deux ans de sa scolarité dans un lycée sport-études. Que pensez-vous de la formule ?*

Logiquement, le fait de pouvoir pratiquer son sport favori en même temps que ses études permet de gagner du temps, en acquérant rapidement de l'expérience et en prenant de l'avance sur l'activité sportive que l'on souhaite développer plus tard. Mais je ne pense pas que cela soit forcément la meilleure formule pour tous. L'expérience montre que sport et études sont difficiles à mener de front. C'est en général le sport que l'on privilégie !

☐ *Pourquoi à votre avis, cet « échec » au niveau scolaire ?*

Les enfants sont bien suivis à ce niveau, ce n'est pas le problème. Mais la dépense sportive quotidienne est trop importante. S'ils montent à cheval tous les jours de 17 heures à 19 heures, lorsqu'ils rentrent chez eux, ils n'ont plus la tête à travailler. Ils sont réellement fatigués physiquement.

☐ *Est-ce que l'emploi du temps scolaire est trop chargé ?*

Peut-être. À Saumur en tout cas, les « sport-études » suivent les mêmes cours que les lycéens, même si un aménagement des horaires leur permet d'être libres plus tôt. Le travail sur le plan scolaire reste identique.

☐ *Votre fils a-t-il choisi de lui-même d'allier sport et études ?*

Oui. Lorsqu'il est entré en troisième, il voulait faire de l'équitation son métier, sans savoir exactement ce que cela signifiait. La compétition le passionnait comme tous les adolescents de cet âge. Je l'ai encouragé tout en insistant pour qu'il n'abandonne pas ses études. Mais au bout de deux ans, je me suis aperçu que le sport passait avant toute chose. Aussi, nous avons refait un choix avec lui. Aujourd'hui, il poursuit d'abord ses études et monte plus occasionnellement.

☐ *L'a-t-il parfaitement accepté ?*

Oui, car il s'est vite rendu compte que la compétition ne pouvait être un avenir en soi, qu'il lui fallait au moins passer un brevet d'État. Et puis, s'il voulait viser l'instructorat plus tard, il lui faudrait au minimum le baccalauréat ! Il a senti qu'il regretterait d'avoir abandonné ses études trop vite.

☐ *Naïvement, on pourrait penser qu'un élève qui a sa « passion » à disposition est capable de mieux travailler en classe ?*

Cela me paraît un peu utopique, sauf exceptions. C'est souvent en entrant dans une section sport-études que les élèves « décrochent » au niveau scolaire, complètement accaparés par le sport et les résultats qu'ils doivent à tout prix obtenir. Je parle des sections nationales où les cavaliers ont déjà un bon niveau qu'ils doivent entretenir ! Les conditions d'entrée ont beau mentionner « pas de difficultés scolaires », elles viennent vite lorsque la passion est à portée de main !

☐ *Les sections sport-études sont donc un leurre ?*

Non. Il y a de bons résultats, donc la formule est valable. Mais cela est plus intéressant au niveau de la pratique du sport où les résultats en compétition sont étonnants, que des études...

Leçon d'équitation devant l'ancienne école de cavalerie de Saumur : la base et le sommet de l'art équestre.

Les premiers métiers liés à l'équitation furent ceux de palefrenier, de vétérinaire, puis de sellier et de maréchal-ferrant. Longtemps le vétérinaire et le maréchal furent une même personne ; longtemps les soins aux chevaux furent précaires, instinctifs ; longtemps la sellerie fut réduite à sa plus simple expression. Ce sont les cavaliers arabes qui les premiers développèrent tous ces corps de métier, amenant d'ailleurs l'art vétérinaire à un niveau exceptionnel, avec ouvrages et cours magistraux imposés aux élèves. En Occident, il faut attendre la Renaissance pour que de véritables professions soient distinguées, le même écuyer faisant souvent jusque-là office d'« homme de cheval ».

En France, c'est Colbert qui lança la première institution hippique, les Haras nationaux, en 1665, s'occupant d'élevage, de soins aux chevaux et de maréchalerie. Bourgelat fonda à Lyon la première école vétérinaire en 1762 ; et dans les grandes écoles militaires, comme Saumur, se formaient des écuyers dont le but était ensuite d'enseigner « dans le civil ». C'était le début de l'enseignement professionnel. C'est à la même époque que naquit en Angleterre le phénomène des « courses ».

Il est possible de remonter jusqu'au Xe siècle pour retrouver trace de défis équestres sur courte ou longue distance, tant d'un côté de la Manche que de l'autre. Toutefois, les premiers champs de courses spécialement aménagés le furent bien en Angleterre, dès 1512 (à Stamford, York, etc.). Celui d'Ascot fut ouvert en 1711, et le premier Derby d'Epsom couru en 1800. Toutes les courses anglaises se développèrent sous l'autorité du Jockey-Club, groupement privé fondé à Newmarket en 1750, et dont les règlements furent bientôt copiés dans tous les pays. C'est en 1835 que fut créé le Jockey-Club français, lié à la Société d'encouragement dont le but était l'amélioration de l'élevage français, notamment par la création d'épreuves de sélection répondant à un « code des courses » précis.

Petit à petit, cette organisation bâtie par des amateurs éclairés et fortunés dut s'adapter au monde révolutionné de la fin du siècle dernier. Le milieu des courses comme les autres s'est « professionnalisé », même s'il a moins souffert de la concurrence de l'automobile que les activités hippiques. Mais il reste des épreuves réservées aux amateurs, parmi les très nombreuses courses disputées chaque semaine en France. Les jockeys sont en revanche tous professionnels, issus de formations longues et aléatoires. Entrés très jeunes dans une école professionnelle, ils doivent s'astreindre à des stages en tant que garçons d'écurie avant d'espérer monter à cheval et faire leurs preuves. Ils sont proportionnellement très peu à réussir en courses de galop, un peu plus nombreux en courses de trot. L'apprentissage de « lad-driver » est un peu différent de celui de « lad-jockey » de galop ; mais « driver » (conduire) un trotteur attelé d'un sulky est aussi délicat que monter un pur-sang au galop, sinon plus. Les chevaux de trot français sont les meilleurs du monde, et même s'ils sont d'un caractère moins difficile qu'un pur-sang, mener un attelage en course reste un exploit.

Le trotteur français

Ce cheval de course a été sélectionné en France depuis 1922, date à laquelle son stud-book a commencé à être constitué. Son élevage, à partir de chevaux de selle normands croisés avec des pur-sang anglais et quelques trotteurs américains, s'est développé ainsi jusqu'en 1951. Depuis, la race est bien fixée, et les succès mondiaux obtenus sans interruption depuis une dizaine d'années prouvent la vitalité et la bonne direction de la sélection effectuée. Encore aujourd'hui, les jeunes trotteurs doivent passer des épreuves de sélection chronométrées avant de pouvoir participer à des courses officielles, qu'elles soient de trot attelé ou de trot monté.

Le trotteur français est un grand cheval, mesurant en moyenne 1,68 mètre au garrot. Il est robuste, puissant,

Un grand champion tout récemment entré dans la légende, triple vainqueur du Prix d'Amérique après Bellino II et Idéal du Gazeau : voici le trotteur Ourasi à l'entraînement.

avec parfois le profil convexe de son ancêtre le cheval normand. Il est très docile, ce qui est indispensable pour l'entraîner à aller le plus vite possible au trot, sans partir au galop comme il serait naturellement tenté de faire ! Morphologiquement, il est bâti différemment d'un galopeur, mais cela n'empêche pas un jeune trotteur acheté comme monture de selle de bien galoper lorsqu'on le lui demande. Souvent des cavaliers cherchent d'ailleurs à prendre des trotteurs non sélectionnés en épreuves qualificatives pour en faire des chevaux de concours hippiques – où ils réussissent parfois fort brillamment.

Si le prix d'un champion (comme Idéal du Gazeau ou Ourasi) est très élevé, en règle générale un trotteur coûte beaucoup moins cher qu'un pur-sang. Quant à ceux que l'on peut racheter des épreuves de sélection, ils valent entre 15 000 et 20 000 francs, somme justifiée par leurs qualités.

Concilier des études secondaires sérieuses et efficaces avec un entraînement sportif quotidien de haut niveau répond à un besoin réel. Les sections sport-études ont pour but de former de futurs champions sans en faire forcément des professionnels.

Les lycées sport-études

Contrairement à ce qui se fait chez nos voisins germaniques et britanniques, ces formations sont encore rarissimes en France. On recense deux sections nationales, l'une à Font-Romeu, l'autre à Saumur, et quelques écoles privées comportant une section d'équitation.

SPORT-ÉTUDES NATIONAUX

Font-Romeu (Pyrénées-Orientales) possède une section sport-études intégrée au lycée climatique et sportif dans le cadre du Centre national d'entraînement en altitude. C'est la seule structure de ce type officiellement et conjointement reconnue par le ministère de la Jeunesse et des Sports et par la DNSE. Cette section est réservée à des élèves qui, sur le plan équestre, ont déjà un bon palmarès en compétitions nationales, et un certain niveau d'études. Elle peut leur permettre d'atteindre les premières places au niveau national, voire international, de la catégorie d'âge, grâce à un entraînement quotidien intensif et une pratique compétitive de l'équitation... sans compromettre le bon déroulement de leur scolarité.

Ce lycée d'État prend les élèves à partir de la quatrième, exceptionnellement dès la sixième et la cinquième, si le livret scolaire est satisfaisant. Les élèves doivent être au moins détenteurs de l'éperon d'argent, et selon leur âge avoir obtenu de bons résultats sportifs. Cette section compte de quinze à dix-huit élèves obligatoirement pensionnaires, elle suppose un état d'esprit résolu et un investissement sans faille sur le plan sportif comme sur le plan scolaire.

Font-Romeu est située à 1 850 mètres d'altitude, et le lycée climatique est en étroite liaison avec le centre équestre. L'emploi du temps comprend un minimum de dix heures d'équitation et de préparation théorique par semaine. Sur le plan scolaire, les aménagements de l'emploi du temps permettent cet entraînement quotidien. Des cours de rattrapage sont à la disposition des absents, lorsqu'ils se déplacent en compétition.

L'internat, ouvert le week-end, ferme pendant les vacances, mais une structure d'accueil prend la relève au centre équestre.

La sélection à l'entrée se fait d'abord par la remise d'un dossier sportif, médical et scolaire, suivi de tests, si le niveau sportif n'est pas éliminatoire. Au cours de ces tests, on appréciera le travail des élèves sur le plat et à l'obstacle, et on évaluera leur maturité technique. Les tests psychologiques serviront à déceler les motivations d'un futur sportif de haut niveau. Enfin, une épreuve scolaire achèvera la série.

Deux possibilités s'ouvrent à l'élève admis : posséder son cheval personnel ou disposer de la cavalerie locale.

L'élève est obligatoirement inscrit au club, détenteur d'une licence fédérale, et donc assuré. L'hébergement se fait en dortoir ou en chambres individuelles.

Les frais d'instruction en équitation s'élèvent environ à 920 francs par mois pour un cavalier seul, 1 180 francs par mois avec un cheval. Les déplacements de l'élève et les frais de séjour sont à sa charge.

Les résultats de cette section sont élogieux en équitation : sept sélections et classements depuis 1981 aux championnats d'Europe, dont notamment une médaille d'or au championnat d'Europe junior de 1986.

À Saumur, la section équitation existe depuis une dizaine d'années mais regroupe un très petit nombre d'élèves – cinq ou six par an. Elle est ouverte aux jeunes cavaliers possédant l'éperon d'argent, déjà sortis en compétition, et admissibles en classes de seconde, première et terminale. La scolarité est suivie au lycée

Le jeune cavalier qui monte en compétition à un bon niveau national, ou même international, ne doit pas croire que cela suffira à lui assurer une carrière stable dans le monde de l'équitation : un solide bagage scolaire est indispensable pour se construire un métier d'avenir.

d'État Duruy, et la pratique de l'équitation, à l'École nationale d'équitation (ENE), à raison de deux heures par jour. Une journée de tests sélectionne les candidats.

Le lycée d'État prévoit l'internat. L'enseignement à l'ENE est gratuit, mais la pension d'un cheval personnel est à la charge de son propriétaire.

SPORT-ÉTUDES PRIVÉS

Les lycées privés présentent l'avantage de préparer les élèves au métier d'enseignant plutôt que d'axer leurs objectifs sur la compétition.

Mais ce système d'éducation ne porte ses fruits, du point de vue tant scolaire que sportif, que s'il s'effectue sur plusieurs années.

Les lycées reçoivent garçons et filles en effectifs restreints, de la sixième aux classes terminales ou au BEP de comptabilité. Les sections équitation comptent – toutes classes confondues – entre vingt et trente élèves. Une bonne condition physique et morale est requise.

Une demi-douzaine de lycées sport-études équitation sont disséminés dans l'Hexagone. Les établissements offrent différentes formules adaptées aux capacités scolaires et aux désirs sportifs de l'élève : objectif baccalauréat, objectif monitorat, objectif compétition.

Une journée type peut se diviser en deux, selon les cycles de la scolarité : le matin, entraînement ; l'après-midi, cours, ou l'inverse. Au lycée Charles-Péguy d'Aix-en-Provence, les journées sont très remplies : cours le matin, équitation de 13 heures à 16 heures, puis travaux dirigés en fin de journée.

Les conditions d'admission sont les suivantes : un bon niveau scolaire, la motivation sportive et des qualités physiques indispensables. Pas de niveau particulier en équitation, mais la présentation d'un certificat médical confirmant les aptitudes du candidat à la pratique intensive du sport considéré.

Le calendrier de préparation physique et d'entraînement est établi à l'avance et parfois révisé mensuelle-

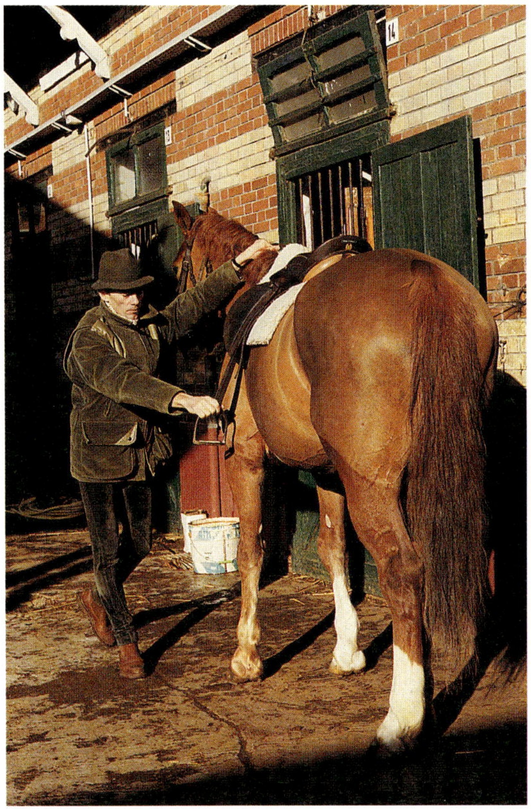

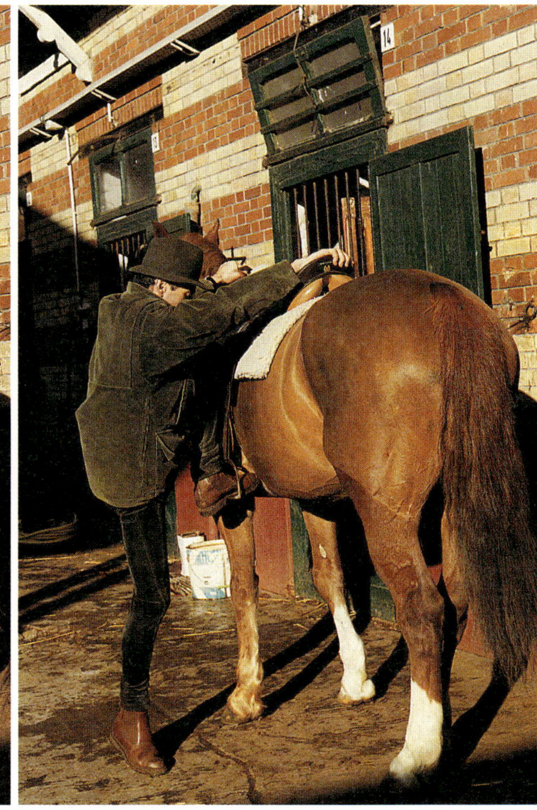

Pour se mettre en selle, après avoir vérifié le sanglage :
– se placer le long de l'épaule gauche du cheval, en direction de la croupe, tenir rênes et crins sur l'encolure de la main gauche, attraper l'étrier gauche de la main droite ;
– lever la jambe gauche et mettre son pied dans l'étrier ;
– pivoter vers le cheval sans lui toucher les flancs du bout du pied, et attraper le troussequin de la selle avec la main droite ;

ment. Les sections équitation comportent dans leur programme : initiation, perfectionnement, passage des « degrés », concours d'entraînement, équitation théorique, soins aux chevaux, séances au magnétoscope...

En fonction des places disponibles au club hippique, les candidats peuvent avoir leurs propres chevaux sur place. Les cavaliers apportent avec eux leur équipement (bombe, culotte de cheval, bottes, cravache, éperons...) et se font fournir par le club en sellerie et briderie.

À Versailles, le lycée ne reçoit que des élèves en externat, mais propose des familles d'accueil. À Aix-en-Provence, les élèves sont en internat, dans des locaux séparés de l'établissement scolaire. Dans les deux cas, les élèves vont monter à cheval au centre équestre le plus proche.

Les établissements privés sont onéreux au niveau de la scolarité car ils ne bénéficient d'aucune subvention. Pour une année scolaire – études et pratique de l'équitation – il faut compter entre 27 000 et 60 000 francs, en externat. Au cavalier de payer la pension de son cheval, s'il en possède un. Dans le forfait équitation annuel, sont compris : les reprises, la préparation physique, le transport du lieu scolaire au club, le transport des chevaux en concours dans un rayon de cent kilomètres à partir de l'établissement.

LES COLLÈGES ÉQUESTRES DE FRANCE

Cette formule récente allie également la pratique intensive de l'équitation à la scolarité. Une formule nouvelle, d'une part parce qu'elle intègre l'ensemble des structures scolaires (internat, salles de classes, salles de détente) à un centre équestre, d'autre part, parce que la scolarité est assurée par le Centre national d'enseignement à distance (CNED) et assistée sur place par des répétiteurs.

À l'initiative d'Éric Blanchot, instructeur diplômé d'État, cette formule fonctionne depuis quatre ans aux Écuries du Gâtinais à Montargis, dans le Loiret. Sous son égide, une association est née, le Collège équestre de France (CEF), étendant la formule au niveau national. Ainsi, trois établissements, agréés par la DNSE, fonction-

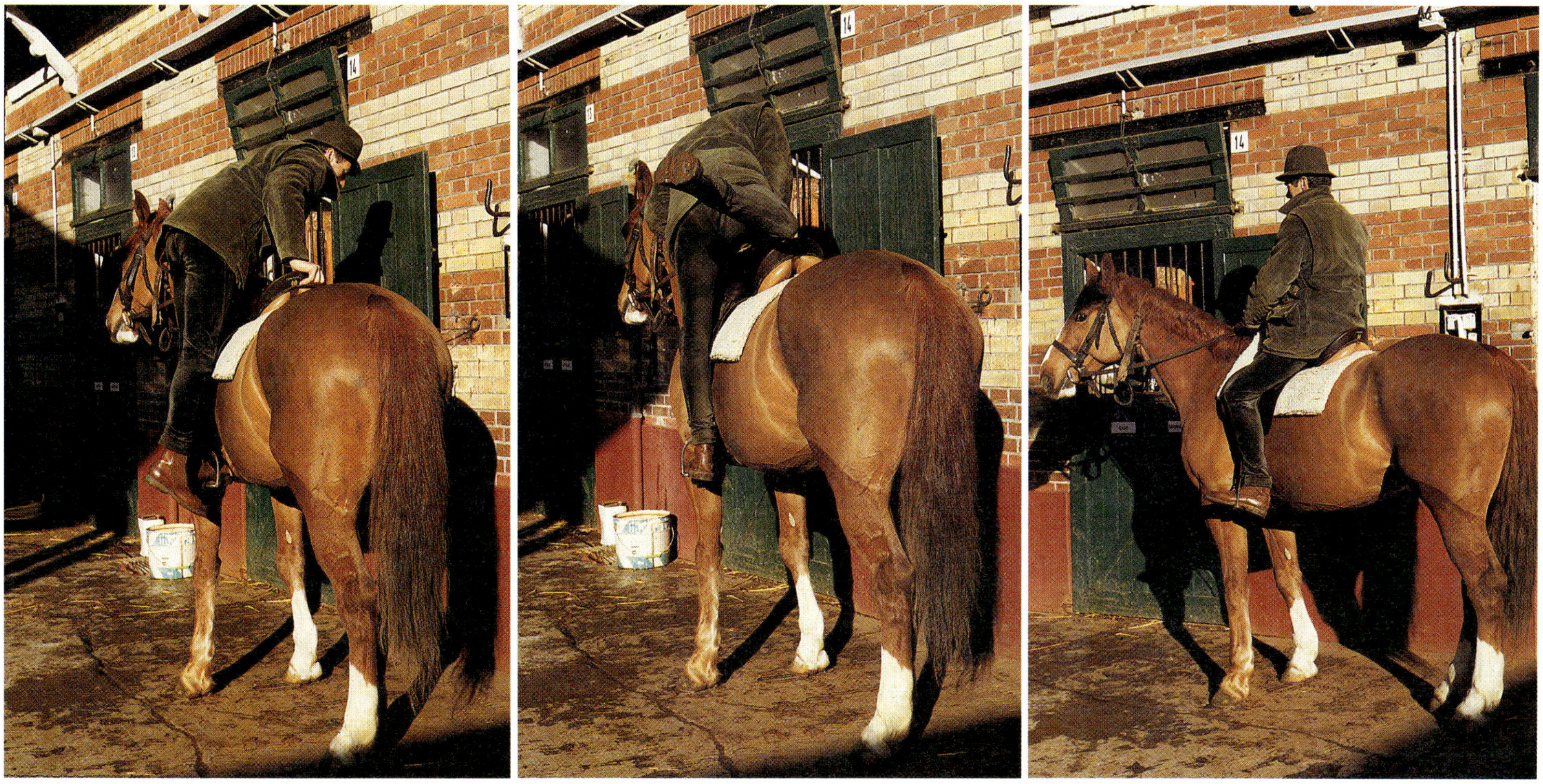

nent en France : Montargis (Loiret), Bergerac (Dordogne), Toul (Meurthe-et-Moselle).

La formule s'adresse à des élèves particulièrement motivés, souhaitant être reçus au baccalauréat, acquérir une méthode de travail efficace, avoir des résultats en compétition et se préparer éventuellement au Brevet d'État d'éducateur sportif du premier degré, option équitation. Ces élèves, engagés pour la plupart dans une voie sportive et parfois professionnelle, ne doivent pas avoir de difficultés particulières sur le plan scolaire.

Ils sont hébergés au sein du centre équestre, où ils réalisent l'ensemble de leurs activités tant équestres que scolaires. Des salles de travail sont mises à la disposition des élèves qui doivent obligatoirement y travailler. Les emplois du temps sont harmonisés pour permettre aux études d'être efficaces. L'encadrement scolaire a pour mission d'aider les élèves dans la compréhension des cours du CNED, de veiller à la réalisation et à l'envoi régulier des devoirs. L'équitation est assurée par l'encadrement technique équestre du centre. Les frais de scolarité sont calculés sur l'année scolaire en tenant compte des congés et des week-ends. Aux Écuries du Gâtinais (Montargis), deux formules sont offertes :

– option équitation (45 000 francs par an),
– option voltige (35 000 francs par an).

Elles comprennent l'hébergement, la nourriture, l'internat, l'encadrement, l'enseignement équestre, la préparation aux examens... L'inscription au CNED coûte 300 francs. Les sorties en compétition et les frais médicaux sont à la charge de l'élève.

Pour les passionnés de sport et d'équitation, voici quelques idées supplémentaires :

– l'université Paris-Dauphine propose une maîtrise de sciences et techniques, option économie et gestion du sport ;

– l'université sciences et techniques du Languedoc (Montpellier) compte une section sport-études équestre ;

– l'Institut national des sports et d'éducation physique (INSEP) propose une formation aux techniques d'information et de communication dans le sport...

– se hisser sur la jambe gauche, en portant le poids du corps par-dessus le cheval, afin de ne pas faire tourner la selle ;
– passer la jambe droite par-dessus le troussequin sans toucher la croupe du bout du pied ;
– enfin s'asseoir doucement en selle et chausser l'étrier droit.

Le palefrenier est celui qui est le plus proche des chevaux à l'écurie. Le moindre de ses gestes (par exemple curer les pieds, puis les graisser) a une importance capitale. De cette surveillance et de ces soins dépendent la santé et souvent le moral des montures.

Page suivante. Outre une bonne expérience des chevaux eux-mêmes, le métier de maréchal-ferrant exige une solide constitution physique et une connaissance indispensable de l'anatomie et de la pathologie des membres.

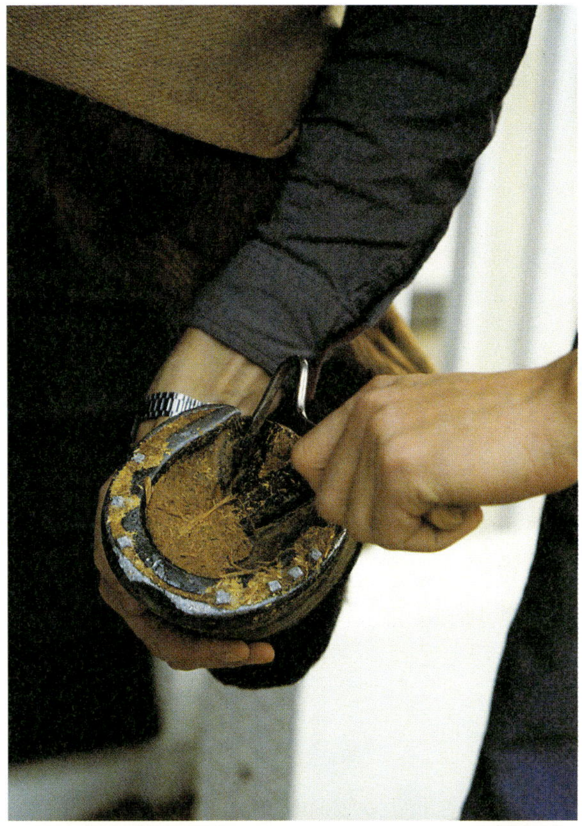

Les formations professionnelles

À défaut de pouvoir aborder tous les métiers du cheval – nombreux et variés ! – nous nous contenterons d'énoncer ceux dont les filières de formation sont relativement bien structurées, correspondant à des qualifications précises, et débouchant sur une profession qui offre des emplois. Plus la formation est générale et de haut niveau, plus elle est source d'évolution favorable.

PALEFRENIER

Chargé du soin et de l'entretien des chevaux, le palefrenier a une vie en contact constant avec ces derniers. Le premier levé, veillant la nuit un cheval malade, il est la pièce indispensable dans l'organisation d'une écurie publique ou privée.

De nombreuses formations sont proposées pour ce métier, et pourtant il n'existe pratiquement pas de marché de l'emploi. Les employeurs potentiels des clubs équestres ou des centres d'élevage forment en général eux-mêmes le personnel dont ils ont besoin.

Deux diplômes existent : le certificat d'aptitude professionnelle agricole (CAPA), avec deux options (cavalier-soigneur ou palefrenier-soigneur), et le brevet professionnel agricole (BPA) avec une option hippique.

• Le CAPA peut s'obtenir par la voie scolaire ou par la voie de l'apprentissage.

La voie scolaire s'adresse aux jeunes de 14 ans entrant en cinquième. La durée de la formation est de trois ans, par promotion d'une vingtaine d'élèves. Un concours a lieu début juin, suivi d'un stage de deux semaines à l'issue duquel l'admission définitive est prononcée.

Par la voie de l'apprentissage, les jeunes de 16 ans peuvent être admis sans diplôme chez un maître d'apprentissage agréé, pour une formation de deux ans. Les élèves sont regroupés périodiquement dans un centre de formation ou dans un lycée agricole.

• Le BPA est une formation en huit cents heures environ réservée aux adultes (plus de 18 ans), travaillant depuis plus d'un an. La sélection se fait sur le niveau des connaissances (fin de troisième) et sur la motivation. Les stagiaires perçoivent un salaire s'ils remplissent certaines conditions.

Un palefrenier peut gagner, selon ses qualifications, entre 4 500 francs et 6 000 francs par mois.

MARÉCHAL-FERRANT

L'image de l'homme qui attend derrière sa forge n'est plus de mise aujourd'hui. Le maréchal-ferrant se déplace avec son matériel en camionnette.

Outre une connaissance poussée du cheval, il doit posséder une force physique importante, un dos solide pour soutenir le pied d'un cheval qui s'appuie, de la résistance au bruit et à la chaleur – forge oblige ! – et un minimum de compétences économiques pour gérer son affaire.

La formation professionnelle, sanctionnée par un CAP de maréchal-ferrant, s'adresse aux garçons, pour des raisons de résistance physique à des efforts importants.

Quatre sortes de formations sont proposées :

- *Formation scolaire à l'École nationale des Haras*

L'élève s'y inscrit entre 14 et 16 ans, avec un niveau scolaire correspondant à la cinquième, quatrième ou troisième. Le nombre de places est très limité : six par an ! La formation dure trois ans en internat complet. La première année : contact avec les chevaux, service d'écurie, enseignement scolaire, dix heures de forge par semaine. La deuxième année : vingt heures de forge par semaine. La troisième année : vingt-sept heures de forge. À la sortie, les diplômés sont placés chez des artisans.

- *Formation en apprentissage chez un maître-maréchal*

Admis à 16 ans pour une durée de deux ans, l'apprenti est employé sous contrat chez un maître d'apprentissage agréé et doit être affilié à un des deux centres de formation des apprentis. Il passe trois semaines en entreprise pour une semaine au centre (enseignement général et pratique). L'enseignement est gratuit, financé par la région dont dépend l'établissement. L'internat coûte environ 800 francs par mois.

- *Formation pour adulte salarié chez un artisan*

À la suite d'un stage de neuf mois et demi, de mi-septembre à fin juin, le candidat, âgé au minimum de 18 ans, peut se présenter au CAP à titre individuel. Le nombre de places est limité à six, et le stagiaire doit avoir déjà travaillé au moins trois mois consécutifs à plein temps ou cinq cent dix heures pendant six mois consécutifs.

- *Stages de formation professionnelle dans des établissements spécialisés*

Seul un professionnel peut fabriquer une bonne selle, robuste, équilibrée, constituée de bons matériaux. Trop souvent, des accidents sont dus à un matériel fabriqué à l'économie et acheté au rabais.

Un élevage de chevaux au niveau professionnel est une aventure risquée. La mise de fond initiale doit être importante, alors que les résultats ne sont pas assurés : malgré la surveillance, une saillie peut ne pas être concluante, ou, plus tard, le produit peut ne pas répondre aux espoirs fondés sur lui. En revanche, l'élevage « passion », procure les joies de l'intimité avec un nombre restreint de chevaux dont on s'occupe chaque jour de leur vie.

SELLIER-BOURRELIER

Probablement appelé à se développer à travers la fabrication des harnachements et leur réparation, ce métier est encore assez mal structuré pour son apprentissage.

Il n'existe pas de formation spécifique de sellier-harnacheur. Les écoles sont celles de la sellerie-maroquinerie, qui prépare au CAP « général ». Il existe toutefois un CAP de sellier-bourrelier, qui se prépare chez un maître artisan agréé et se passe en candidat libre. L'élève doit exécuter une pièce de harnachement sous la surveillance d'un professionnel. Quant à la formation de sellier-maroquinier, elle dure deux ans lorsque l'élève débute le cycle à 16 ans, à sa sortie de troisième, ou un an seulement, s'il débute à 18 ans, en fin d'études secondaires (niveau baccalauréat).

Il est de toute façon préférable de débuter chez un professionnel pour apprendre les trucs du métier.

ÉLEVEUR

L'élevage de chevaux est généralement une occupation d'appoint exercée dans le cadre d'une activité agricole ou un complément à l'élevage d'autres espèces (bovins notamment). Elle est en tout cas rarement spécialisée au cheval de selle, de sport ou de loisir. Il est difficile de l'aborder sans disposer d'un capital ou d'une propriété. Ce n'est pas un « métier » mais une passion.

Il existe deux diplômes : le brevet professionnel agricole (BPA), option éleveur de chevaux, et le brevet de technicien supérieur agricole (BTSA), option hippique.

Pour préparer le BPA, le Centre de formation professionnelle de Saint-Laurent propose depuis quelques années des stages de formation spécialisée sur l'élevage du cheval lourd ou de sang, ouverts aux jeunes de 18 ans minimum, justifiant d'une année d'activité professionnelle à temps plein, et étant engagés dans une activité hippique durant le stage. Trois certificats sanctionnent cette formation : production animale (option éleveur de chevaux), productions végétales, et formations économique et sociale.

Le BTSA se prépare en deux ans au Centre d'enseignement zootechnique (CEZ). Pour l'option hippique, un stage de six mois est prévu à l'école du Haras du Pin. Les candidats doivent être des techniciens agricoles, des titulaires des bacs scientifiques (C, D ou D') ou

Pour trois minutes de course, combien d'heures sont passées sur les terrains d'entraînement ! Les trotteurs comme les galopeurs nécessitent de longs mois d'attention et de préparation avant d'arriver au mieux de leur forme. Seuls les meilleurs entraîneurs savent gérer correctement la carrière d'un crack : choix du jockey, du programme, des courses durant la saison, mais aussi du régime alimentaire et des détentes indispensables.

Pages suivantes. La course de rêve : un arc-en-ciel en mouvement, une fanfare de couleurs qui défile au galop.

postuler au titre de la formation professionnelle. Le nombre des élèves est restreint à une cinquantaine par an pour toute la France.

Est officieusement considéré comme éleveur, tout propriétaire d'une jument saillie, ou suitée de son poulain. Mais, officiellement, seuls les agriculteurs sont déclarés comme éleveurs.

Les professions liées aux courses

Le monde des courses est le plus riche des milieux équestres et l'un de ceux qui font le plus rêver... mais il est aussi le plus dur.

LAD-JOCKEY OU LAD-DRIVER

Beaucoup d'appelés, peu d'élus. Jockey est une profession difficile où la concurrence par le nombre exerce une sélection sans pitié. Les journées du lad sont bien remplies : levé à l'aurore, il soigne les chevaux qui lui sont confiés, il assure l'entretien des écuries... puis il entraîne des chevaux selon ses compétences. L'après-midi est réservé aux cours théoriques pour les stagiaires, les autres partent en course.

Suivant l'âge et le niveau, s'établit une hiérarchie parmi les lads-jockeys. Le premier garçon seconde l'entraîneur et encadre les autres lads, le garçon de voyage suit les chevaux dans leurs déplacements sur les hippodromes. Les jockeys sont tous d'anciens lads qui ont su s'imposer au cours de leur apprentissage, puis en course.

Par la voie scolaire, les lads peuvent se préparer au CAPA en trois ans, placés sous la direction de l'Association pour la formation des apprentis jockeys-drivers et hommes d'écurie (AFAJDHE). L'objectif est de donner aux jeunes une formation humaine et professionnelle adaptée, en leur garantissant un emploi en fin de scolarité. L'admission se fait à l'âge de 14 ans, avec un niveau de cinquième scolaire. Un dossier doit être adressé avant le mois de mai aux directeurs de centres de la région concernée, tandis qu'un stage de trois semaines présélectionne les candidats.

Pour les courses montées, la taille maximale autorisée est de 1,45 m, et le poids, 38 kg ! La formation pratique a lieu chez un entraîneur. En France, six centres dispensent une formation en internat (Marseille, Lyon, Mont-de-Marsan, Chantilly, Maisons-Lafitte, Graignes).

La scolarité est payante (de 700 à 900 francs par mois), mais des bourses d'études peuvent être attribuées par le ministère de l'Agriculture. Les frais sont partagés entre les parents, l'entraîneur et l'AFAJDHE.

Si l'entraîneur estime le lad capable, celui-ci peut obtenir la licence dès l'âge de 16 ans, et faire ses débuts en course la deuxième année. Certains lads ont déjà une quarantaine de courses derrière eux en troisième année, et reçoivent un pourcentage sur les gains éventuels.

Par la voie de l'apprentissage, les lads peuvent entrer à 16 ans chez un maître d'apprentissage agréé, qui assure la formation pratique. Pour les élèves sortant de troisième, l'admission est possible à 15 ans. La formation dure deux ans, en alternance au centre d'entraînement et aux deux centres de formation des apprentis lads-jockeys, l'un à Laval – seul organisme à accepter les filles –, l'autre à Chantilly : une semaine de cours pour trois semaines de stage. Pendant sa formation, l'apprenti est salarié par l'entraîneur. La scolarité est gratuite. Les élèves sont présentés au CAPA en fin de deuxième année. Après son obtention, ils sont en contrat de perfectionnement jusqu'à 18 ans et sont rémunérés à 85 % du SMIC. Ils reçoivent également des primes d'intéressement. Le « premier garçon » d'une grande écurie peut gagner 8 000 francs par mois.

Dans la spécialité galop, l'adolescent est considéré comme jeune jockey de 18 à 25 ans, à moins qu'il ne remporte soixante-dix courses. Dans ce cas il est jockey.

Dans la spécialité trot, l'élève est apprenti et obtient son titre de driver, soit en gagnant trente courses, soit à l'âge de 25 ans.

Deux cents candidats se présentent chaque année dans les centres de formation de lads-jockeys et lads-drivers. Au bout de cinq ans, on estime que 1 % d'entre eux vivent de leur monte en courses, 7 % sont obligés de travailler dans une écurie pour assurer les fins de mois, mais montent en course régulièrement, 70 % restent dans le métier en tant que lad. Les problèmes de poids et de taille chez les « galopeurs » sont pour beaucoup dans cette sélection rigoureuse.

ENTRAÎNEUR

C'est une profession libérale dont l'exercice est subordonné à l'obtention d'une licence délivrée par l'une des

3

trois sociétés mères selon leur spécialité : courses plates au galop, courses à obstacles, courses au trot. Ce métier ne nécessite aucun diplôme mais une expérience consacrée par des années de travail intensif dans le milieu des courses.

Pour l'entraîneur public, des compétences techniques, des connaissances en comptabilité et en gestion s'avèrent indispensables pour pouvoir mener une affaire. Il doit souvent faire un réel travail de relations publiques, multiplier les contacts, d'autant plus que les propriétaires de chevaux de courses sont nombreux.

L'entraîneur privé, salarié d'un seul propriétaire, peut se consacrer aux chevaux. Il est souvent dégagé des contingences administratives et de gestion.

En France, on ne dénombre pas plus de quatre cent cinquante entraîneurs professionnels.

PERSONNEL DE L'ADMINISTRATION DES HARAS NATIONAUX

Il est placé sous l'autorité du ministère de l'Agriculture, qui dispose d'un service à l'Administration centrale, et de dépôts d'étalons répartis en vingt-trois circonscriptions.

- *Les officiers des Haras*

Ils assument les tâches d'orientation, d'encouragement et de contrôle des activités hippiques dont l'État a la tutelle. Ils appartiennent au corps des ingénieurs formés à l'École nationale du génie rural des eaux et forêts. L'ENGREF recrute ses élèves à la sortie de Polytechnique, de l'Institut national agronomique et dans les corps des ingénieurs des travaux du ministère de l'Agriculture. Les ingénieurs accomplissent leur stage de fin d'études de l'ENGREF au Haras du Pin. Ils doivent être aptes à monter à cheval et accepter de résider dans les dépôts d'étalons. Il y a en général une ou deux affectations par an.

- *Les ingénieurs des travaux agricoles*

Ils assistent les officiers des Haras, et sont issus des écoles nationales d'ingénieurs des travaux agricoles (ENITA de Dijon). Le recrutement se fait au niveau du baccalauréat ou BTA, préparé dans les lycées agricoles. Le stage s'effectue au Haras du Pin.

Les cours de l'École nationale d'équitation de Saumur sont autant pratiques que théoriques, et désormais assurés tant par des civils que par des militaires.

La Garde républicaine est l'un des régiments montés les plus célèbres du monde. Son service est à la fois de prestige (escortes, défilés, représentations officielles) et d'utilité publique (surveillance des forêts domaniales et de lieux publics, comme le bois de Boulogne).

- *Les techniciens d'agriculture*

Ils sont affectés à l'administration des Haras pour accomplir les tâches de contrôle et d'encadrement techniques. Ils sont recrutés par un concours organisé par le ministère de l'Agriculture dont les épreuves sont du niveau du bac ou du BTA.

- *Les gardes des Haras*

Ils sont chargés de l'entretien des étalons nationaux, de la gestion des stations de monte, des missions ayant trait à l'élevage ou aux sports équestres. Le recrutement se fait sur titre, le CAPA de palefrenier-soigneur, cavalier-soigneur ou celui de maréchal-ferrant sont alors exigés.

Les sports équestres militaires

L'armée emploie des palefreniers, des maréchaux-ferrants, des enseignants et gère leur formation spécifique. Le concours de Saint-Cyr, formation supérieure, permet d'accéder aux cours de perfectionnement équestre de Saumur pour les sous-lieutenants de cavalerie.

- *Cavalier-soigneur*

Il faut posséder le CAPA de lad-jockey ou le BTS d'équitation et faire une demande à la section équitation de Paris-Armées.

- *Cavalier de manège*

Cette section est ouverte aux engagés volontaires spécialistes. Les candidats souscrivent un engagement initial minimum de cinq ans, au titre d'un corps de leur choix. La formation est dispensée au Centre sportif d'équitation militaire de Fontainebleau.

- *Maréchal-ferrant*

Un certificat technique élémentaire de maréchalerie sanctionne un stage de douze semaines pour tout candidat ayant déjà la qualification de cavalier de manège.

- *Cadres-enseignants*

La formation s'effectue au Centre sportif de Fontainebleau. La Fédération française d'équitation a obtenu que quelques places soient réservées au Centre sportif d'équitation militaire aux cavaliers appelés sous les drapeaux pour accomplir leur service militaire légal, qualifiés en raison des stages effectués, des brevets d'équitation obtenus et des titres acquis dans les épreuves sportives officielles.

Enfin, les jeunes appelés du contingent ont la possibilité de demander à effecteur leur service national dans la gendarmerie, mais seuls les engagés peuvent faire partie du régiment à cheval de la Garde républicaine de Paris. Six à neuf personnes sont admises comme gendarmes auxiliaires à chaque incorporation. Il faut bien sûr déjà savoir monter à cheval.

Vétérinaire

Ce métier « haut de gamme » est de plus en plus difficile, à cause de son cursus scolaire extrêmement sélectif.

Ouverte aux garçons et aux filles, la formation nécessite une préparation scolaire précoce : un baccalauréat scientifique plus un excellent dossier scolaire, une classe préparatoire – d'un an pour l'option générale et l'option agronomie, deux ans pour l'option biochimie-biologie –, un concours d'entrée et l'intégration à l'une des quatre écoles, qui se fait par ordre de classement, les premiers ayant le choix selon leurs préférences.

Les études durent quatre ans avec, à la fin de chaque année, un examen récapitulatif. Les études théoriques nécessitent en plus un travail personnel en stage, durant les vacances scolaires, afin de préparer l'entrée dans la vie active qui s'effectuera après que l'élève aura soutenu sa thèse de doctorat.

L'installation ne se fait pas toujours dans la localité de son choix car il existe un nombre optimal de praticiens par région, défini par le Conseil de l'Ordre des vétérinaires. En dehors du choix de la ville ou de la campagne, on peut opter pour la fonction d'inspecteur vétérinaire, personne qui contrôle l'hygiène alimentaire, la santé animale, la protection des animaux. Il faut pour cela passer le concours organisé par le ministère de l'Agriculture pour les docteurs vétérinaires, où l'on entre en fin de troisième année d'études à l'École nationale des services vétérinaires.

LES CONCOURS

INTERVIEW

Marie-Christine Duroy

HISTOIRE

L'anglo-arabe

DOSSIER

Le concours de saut d'obstacles

- *Le concours complet*

INTERVIEW

Marie-Christine Duroy
Trois fois championne de France en concours complet, quatrième au championnat du monde de 1986.

☐ *Pourquoi avoir choisi le complet plutôt que le concours de saut d'obstacles ?*

Le complet est une discipline encore ouverte aux amateurs. C'est ce qui me plaît. Un seul cheval performant et tous les espoirs sont permis ! C'est pourquoi on voit beaucoup d'outsiders dans le complet. En saut d'obstacles, ne parviennent au top niveau que les cavaliers qui ont une écurie derrière eux. Ceux-là sont de grands sportifs, mais je préfère la mentalité des cavaliers de complet, le côté sympathique d'une discipline à risques. Et puis surtout, ce n'est pas une épreuve individuelle où chacun s'entraîne chez soi. Nos résultats au niveau européen et mondial sont le fruit d'un travail d'équipe autour d'un entraîneur compétent à qui nous faisons totalement confiance.

☐ *Est-ce que le cheval se prend au jeu de la compétition ?*

Oui, j'en suis persuadée. J'ai emmené mon cheval Harley en Allemagne, participer à une épreuve pour la sélection des jeux Olympiques, après dix mois d'arrêt, suite à un accident d'un postérieur. À la fin du parcours, il n'était plus le même. Je ne pouvais plus le tenir, ni le promener. Il avait retrouvé un punch terrible. Je crois qu'il aime la compétition. C'est très important.

☐ *Est-ce essentiel pour un cavalier d'avoir l'esprit de compétition ?*

Non, pas forcément. Certains s'y mettent sans aucune conviction et arrêtent vite ou plafonnent. C'est un état d'esprit. Moi, si je ne me persuade pas que je vais gagner ou que je serai dans les trois premiers, ça ne m'intéresse pas de participer à une épreuve. Je crois que c'est ce qui fait la différence entre le cavalier et le champion, sans aucune nuance péjorative ! Pour faire de la compétition au plus haut niveau, il faut être capable de se « défoncer »... mais attention ! dans des normes saines, jamais au détriment de la santé du cheval. J'ai mis deux mois à me remettre de l'accident de Harley !

☐ *Pourquoi y a-t-il tant de cavalières à la base et si peu au top niveau ?*

Mentalité typiquement française ! Autrefois, la compétition était le fait des militaires, et la chasse à courre, des hommes surtout. C'est resté dans les mœurs. La compétition est un milieu très mysogine. Même les propriétaires de très bons chevaux hésitent à les confier à une femme ! C'est bizarre... En Angleterre où cet esprit de caste n'existe pas à cheval, on trouve 80 % de femmes au top niveau. J'ai vu des équipes anglaises entièrement féminines. Même chose aux États-Unis !

☐ *Y a-t-il un trait commun entre les trois disciplines du complet ? Ou privilégie-t-on le cross ?*

Il est vrai que l'épreuve phare est le cross, et que l'entraînement donne priorité à l'équilibre psychique et à la technique. Sur le cross, toute erreur peut être fatale. Chutes et refus peuvent entraîner de lourdes conséquences. Je travaille le dressage en fonction de mon travail sur le cross. C'est une épreuve importante car sa note joue beaucoup sur le classement final. Mais ce n'est pas facile, car plus on entraîne son cheval sur le cross pour le jour J, plus il a du sang, de l'énergie, et plus on lui demande d'être soumis pour le dressage. Il y a un équilibre à trouver...

Marie-Christine Duroy, durant l'épreuve hippique d'un concours complet.

Contrairement à d'autres sports équestres comme les courses ou le polo, le concours de saut d'obstacles et le concours complet sont apparus tardivement, tout au moins sous leur forme codifiée. C'est en effet au début du XXe siècle, grâce à la révolution dans l'équilibre apportée par la position « en avant » lors du saut, inaugurée par un militaire italien du nom de Caprilli et introduite en France par le colonel Danloux, que se multiplient les épreuves hippiques où cavaliers de l'armée et amateurs civils franchissent des barrières artificielles installées sur un terrain clos spécialement aménagé. Jusque-là le passage d'un talus ou d'un mur, lors d'une chasse à courre par exemple, demandait une grande maîtrise au cavalier, tenu qu'il était de rester en selle, le haut du corps penché en arrière. La nouvelle technique permet de conserver beaucoup plus facilement son « assiette », rend le saut plus agréable, et donc ouvre ce sport à plus de pratiquants.

Qu'il soit limité à un parcours d'une dizaine d'obstacles de formes et de tailles variées, aux barres mobiles qui tombent en cas de faute du cheval, ou bien combiné avec le passage en tout terrain de constructions fixes (murs, stères de bois, gués, troncs d'arbres, talus...) comme dans les manœuvres militaires (et appelé pour cela « military » avant de recevoir le nom de concours complet), ce sport arrive à point nommé et permet au cheval de trouver un débouché. Car l'arrivée de la motorisation est alors en train de lui faire perdre sa place prépondérante auprès de l'homme au sein des civilisations occidentales. Ce « recyclage » dans les loisirs s'accompagnera tout de même en Europe d'une chute de 90 % du cheptel équin en quarante ans !

Les origines militaires de cette discipline expliquent les choix des montures pour ces compétitions ; il s'agissait au début principalement des chevaux d'officiers, et ceux-ci appréciaient particulièrement l'anglo-arabe, en France. Aujourd'hui, beaucoup d'élevages se targuent de produire les meilleurs chevaux d'obstacles, mais il faut admettre que la qualité réside autant dans le moral que dans les capacités physiques. Une grande taille ou de brillantes origines ne sont pas indispensables : la récente victoire du petit mais bondissant Jappeloup aux jeux Olympiques de Séoul est là pour le rappeler ! Et celui-ci, s'il n'est pas anglo-arabe, est d'un croisement un peu comparable, entre une mère pur-sang et un robuste père trotteur. Mélange que n'aurait pas renié monsieur Gayot, directeur des Haras nationaux au XIXe siècle et qui fut à l'origine du développement de l'« anglo », selon son appellation familière.

L'ANGLO-ARABE

Les chevaux du Sud-Ouest de la France étaient déjà appréciés des officiers napoléoniens, trop souvent privés par les aléas de la guerre des étalons arabes qui étaient leurs montures favorites. Les élevages de cette région avaient en effet bénéficié d'un apport de gènes orientaux durant les séjours des cavaleries maures quelques siècles auparavant, et les produits conservaient une part de la finesse et de l'endurance de ces lointains ancêtres nord-africains.

Vers 1820, monsieur Gayot entreprit de croiser des reproducteurs autochtones avec des pur-sang anglais et arabes, afin d'obtenir des produits plus légers et plus vifs. Après des débuts difficiles, cette sélection engendra des chevaux sains et robustes qui, désormais reconnus comme appartenant à une race bien définie, furent appelés anglo-arabes et donnèrent lieu à un élevage florissant. Afin de protéger leurs origines, ils eurent dès la fin du XIXe siècle leur livre généalogique où ils sont inscrits dès la naissance.

Pour comptabiliser la présence (et, théoriquement, l'influence) du sang arabe après chaque croisement, tout cheval anglo-arabe est défini par un pourcentage : si ses parents sont un pur-sang anglais et un pur-sang arabe, il sera dit à 50 % ; si lui-même est croisé avec un pur-sang arabe, le produit sera arabe à 75 %, tandis que s'il est

Très beau modèle d'anglo-arabe, Jiva est présenté par Philippe Rozier, son cavalier aux jeux Olympiques de Séoul et lors des épreuves de la Coupe du Monde 1989, notamment à Paris-Bercy, où ils furent classés deuxièmes.

croisé avec un pur-sang anglais, le produit sera à 25 % – la limite inférieure de pourcentage permettant à un cheval d'être reconnu comme anglo-arabe.

Ces variations de pourcentage au sein de cette race, selon l'origine des parents pouvant eux-mêmes avoir entre 25 % et 100 % de sang arabe, introduit une certaine diversité parmi les élevages. Toutefois l'« anglo » type bénéficie de caractéristiques intermédiaires entre celles de ses ancêtres anglais et orientaux. Il mesure entre 1,45 et 1,60 mètre au garrot ; sa silhouette est fine mais plus ronde que celle de l'arabe. De celui-ci il a souvent hérité d'un profil concave, d'une tête petite et expressive. Ses membres sont fins mais solides, et comme son parent oriental, il peut être alezan ou gris. Mais l'influence anglaise peut également lui conférer un modèle un peu plus grand et plus longiligne ; il est alors doué pour la vitesse, et des courses lui sont d'ailleurs réservées dans le Sud. Dans tous les cas, il fait un excellent cheval de sport, surtout lorsque son cavalier sait tirer parti de son caractère joueur mais volontaire.

La compétition requiert des qualités physiques importantes, ainsi que des moyens financiers non négligeables, surtout si on la pratique en individuel avec son propre cheval, son propre van, etc. Quinze pour cent des cavaliers pratiquent la compétition dans les trois disciplines, mais le concours de saut d'obstacles (CSO) réunit à lui seul 85 % des adeptes : actuellement plus de 350 000 engagements en CSO ont été recensés par an, pour 6 500 épreuves, et plus de 17 500 engagements en concours complet (CCE) pour 1 070 épreuves.

Les régions les plus dynamiques sont : pour le saut d'obstacles, l'Aquitaine, le Nord, la Bretagne, l'Ouest et Paris ; pour le complet : l'Ouest, l'Aquitaine, la Normandie, le Midi-Pyrénées et la Provence.

La grande majorité des cavaliers de compétition est composée d'amateurs. Seuls quelques professionnels touchent un salaire pour monter en compétition, ils sont obligés alors de respecter les conditions parfois contraignantes d'un commanditaire. Les amateurs bons cavaliers ne touchent que les gains de leurs chevaux.

La saison de concours est une réalité pour le concours complet qui se déroule de février à novembre, mais elle a pratiquement disparu en ce qui concerne le saut d'obstacles, qui peut se dérouler l'hiver en « indoor » (à l'intérieur). Pour obtenir la licence « compétition », il est obligatoire d'être titulaire du brevet d'équitation de l'éperon d'argent.

LE CONCOURS DE SAUT D'OBSTACLES

Il consiste à franchir dans l'ordre imposé et sans les renverser un certain nombre d'obstacles, constitués d'éléments mobiles, dont la hauteur et la largeur varient en fonction du niveau des compétitions.

Les cavaliers sont répartis selon quatre catégories, en fonction de leurs classements précédents ou des prix déjà obtenus par leurs chevaux :

– *en quatrième catégorie (S4),* le cavalier a au minimum 12 ans et n'a jamais obtenu de licence « compétition » de catégorie supérieure ;

– *la troisième catégorie (S3)* regroupe les cavaliers âgés d'au moins 13 ans, qui ont obtenu trois prix en quatrième catégorie au cours de l'année précédente, et qui n'ont pas obtenu une première catégorie au cours des trois dernières années ;

– *la deuxième catégorie (S2)* regroupe des cavaliers âgés d'au moins 14 ans, ayant obtenu cinq prix en troisième catégorie au cours de l'année précédente ;

– enfin, sont qualifiés pour la *première catégorie (S1)* les cavaliers de deuxième catégorie qui atteignent au moins 19 ans, et qui ont obtenu l'année précédente, trois classements en concours de saut d'obstacles internationaux, ou des classements dans d'autres épreuves internationales.

Les différentes épreuves de saut d'obstacles sont réparties en épreuves départementales, régionales, nationales 1 et 2, compte tenu de la catégorie des cavaliers à laquelle elles sont destinées.

• *Les épreuves normales*

Elles sont ouvertes à une seule catégorie de cavaliers et réparties ainsi :

– les classes A, dites nationales 1 ou nationales 2, sont ouvertes aux cavaliers de première catégorie ;

– les classes B, dites nationales 2, sont ouvertes aux cavaliers de deuxième catégorie ;

– les classes C, dites régionales, aux cavaliers de troisième catégorie ;

– les classes D, dites départementales, sont ouvertes aux cavaliers de quatrième catégorie.

Dans chaque catégorie, le cavalier a le choix entre trois épreuves de difficultés croissantes, en fonction de la cote des obstacles : en quatrième catégorie, on a les classes D3, D2, D1 ; en troisième catégorie, C3, C2, C1 ; en deuxième catégorie, B3, B2, B1 et en première catégorie, A3, A2, A1.

• *Les épreuves « open »*

Elles permettent aux cavaliers de deux ou trois catégories consécutives d'y participer en fonction de leur catégorie et des gains antérieurs de leurs chevaux.

La grande diversité des épreuves de saut d'obstacles et leur catégorisation permettent aux cavaliers de choisir leurs inscriptions en concours selon la forme de leurs chevaux, l'évolution de leur carrière et la planification de leur saison. Ainsi, Philippe Rozier (sur notre photo), fils de l'ancien entraîneur national et médaillé olympique, a su passer sans heurt de sa carrière de junior au plus haut niveau national et international.

- *Les épreuves spéciales*

Elles sont ouvertes à deux catégories consécutives de cavaliers et regroupent les épreuves suivantes : épreuves réservées aux cavalières, épreuves réservées aux chevaux anglo-arabes, dont certaines sont organisées dans le sud-ouest de la France, épreuves de lignes, épreuves dites libres.

• *Les épreuves de jeunes chevaux*

Elles comprennent un cycle classique, avec des épreuves différentes pour chevaux de 4 ans, de 5 ans, de 5 ans « tardifs », de 6 ans, et un cycle libre, pour chevaux de ces âges, qui courent pour la première année.

• *Les épreuves juniors et jeunes cavaliers*

Tout cavalier entre 12 et 18 ans peut participer à des épreuves juniors de deux types : les épreuves « juniors critérium », ouvertes aux troisième et quatrième catégories et à tous les chevaux sans condition de gains, et « junior catégorie championnat », ouvertes aux première, deuxième et troisième catégories. Tout cavalier entre 16 et 21 ans peut participer à des épreuves de jeunes cavaliers.

• *Les épreuves militaires*

Ces épreuves sont réservées aux cavaliers qualifiés montant des chevaux âgés de 5 ans au moins ; appartenant à l'État ou à des établissements publics (officiers, élèves d'écoles militaires, service des Haras...), ils montent à cheval en uniforme.

• *Les épreuves techniques et style « hunter »*

Récentes en France, ces épreuves sont la base même de la formation des cavaliers de saut d'obstacles aux États-Unis, dans la recherche du meilleur style. Deux séries sont ouvertes à tous les chevaux : une première série, réservée exclusivement aux cavaliers titulaires d'une licence de compétition de première et deuxième catégories, que l'on juge sur leur attitude et sur le style de leur cheval ; une deuxième série, réservée aux cavaliers de troisième et quatrième catégories, où l'on ne juge que l'attitude du cavalier.

Une épreuve « hunter » se dispute sur un petit parcours composé de huit obstacles minimum, de 0,80 à 1,10 mètre de haut, disposés selon un tracé préétabli. Deux juges spécialisés officient dans chaque épreuve. L'un juge le cheval et son évolution sur le plat, aux abords des obstacles, l'autre, la présentation du couple cavalier-cheval : la tenue du cavalier – de bon goût – le harnachement, le toilettage...

Vingt pour cent de la note totale est attribuée à cette présentation, cinquante pour cent à l'évolution sur le plat, à la cadence, à l'équilibre du cheval, trente pour cent au style du cheval à l'obstacle et à l'attitude du cavalier. Le couple cavalier-cheval qui a eu la meilleure prestation d'ensemble remporte l'épreuve.

Pour prendre part à un concours, les chevaux sont qualifiés d'une part en fonction de leurs gains, d'autre part en fonction de la catégorisation des cavaliers. En effet, certaines épreuves exigent des conditions particulières : les épreuves A3 sont réservées aux chevaux ayant gagné moins de 15 000 francs ; les épreuves B3, aux chevaux ayant gagné moins de 6 000 francs ; les épreuves C3, moins de 3 000 francs ; les épreuves D3, moins de 2 000 francs.

Le droit de participation des chevaux à plusieurs épreuves par jour donne également lieu à une réglementation stricte.

Différents types d'obstacles jalonnent un parcours : obstacles droits, obstacles en largeur, rivière, combinaisons (double, triple), banquette, butte, talus ou passage de route, enclos, parc à moutons... Tous ces obstacles sont numérotés dans l'ordre selon lequel ils doivent être franchis et sont délimités par deux fanions, un rouge d'un côté, un blanc de l'autre. Il est obligatoire de passer entre les fanions même lorsqu'il n'y a pas d'obstacle, spécialement au départ et à l'arrivée.

Le concurrent a une vitesse minimale à respecter qui est pour la plupart des épreuves de trois cent cinquante mètres à la minute. Le cavalier est pénalisé s'il dépasse le temps accordé pour l'épreuve. Les fautes, traduites en points ou en secondes, selon l'épreuve, sont les suivantes : obstacles renversés, faute à la rivière, erreur de parcours, refus, chute, dérobé, défense.

Il existe différents types de parcours, jugés selon des barèmes différents, avec ou sans chronomètre :
– *les parcours normaux,* où l'aptitude à l'obstacle est le facteur déterminant, comprennent dix à quinze obstacles, se font avec ou sans chronomètre, avec un ou deux barrages obligatoires pour les premières places, s'il y a des ex-aequo. Ils sont jugés au barème A (quatre points par obstacle renversé) ;
– *les épreuves de puissance* démontrent la puissance du cheval sur un nombre limité de gros obstacles, qui doivent mesurer au moins 1,40 mètre sauf le premier. Ces épreuves sont disputées au barème A sans chronomètre et peuvent comporter des barrages successifs ;
– *les parcours à l'américaine* sont des épreuves chronométrées dans lesquelles le cavalier est éliminé au premier obstacle renversé ou s'il dépasse le temps accordé ;
– *les épreuves relais* sont courues par groupe de deux, trois ou quatre cavaliers.

Si, en compétition internationale, chaque cavalier semble monter selon son propre style, l'apprentissage en épreuves régionales et nationales, voire en séries « hunters », permet d'acquérir les bases de positions, de réflexes et de tenue indispensables en concours de haut niveau.

Certaines épreuves de vitesse et de maniabilité s'effectuent au barème C (les fautes sont décomptées en secondes, proportionnellement à la longueur du parcours et au nombre d'efforts demandés).

Outre la présence d'un jury, composé d'un président qualifié, choisi parmi les juges agréés par les ligues, et des membres assesseurs, le concours de saut d'obstacles requiert un commissaire de piste et un commissaire au paddock.

Le commissaire de piste participe à l'élaboration du programme des épreuves. Il établit les parcours, détermine les plans (tracés, cote des obstacles) et a toute autorité pour organiser la piste et manipuler les obstacles. Il est également le premier consulté en cas d'incident.

Le commissaire au paddock est présent au terrain d'exercice pendant la durée de chaque épreuve. Il vérifie l'état des obstacles d'exercice, surveille la conformité des harnachements et s'assure du bon comportement des concurrents.

Aucune restriction n'est faite en ce qui concerne le harnachement, mais les seuls enrênements autorisés sont : la martingale à anneaux, la martingale fixe, avec collier, attachée à une muserolle française, pour tous les chevaux montés par des cavaliers de quatrième catégorie.

Quant à la tenue du cavalier, elle se compose d'une veste rouge, bleu foncé ou noire, d'une culotte blanche, de bottes noires, d'une bombe bleu marine ou noire, d'une chemise et d'une cravate blanches. Les cheveux longs doivent être attachés.

La licence de compétition coûte 295 francs en quatrième catégorie, 640 francs en troisième catégorie, 1 000 francs en deuxième et 1 700 francs en première catégorie.

Le droit d'entrée – somme prélevée pour qu'un engagement soit recevable – ne peut excéder 2 % de la dotation de l'épreuve, avec un maximum de 1 500 francs : 50 francs à 80 francs pour une petite catégorie, 1 000 francs à 1 500 francs pour une grosse. Il revient en totalité au comité organisateur. Celui-ci ne bénéficie de subventions du ministère de l'Agriculture (30 % de la dotation minimale) que s'il a organisé un CSO l'année précédente. Les 70 % restants sont à la charge de l'organisateur.

La dotation minimale pour un CSO va de 1 000 francs pour une D3 à 20 000 francs pour une A1 en épreuves normales. Les huit prix de base sont tous distribués quel

Derrière l'entraîneur de sauts d'obstacles Patrick Caron, Frédéric Cottier (notamment champion du monde par équipe) et Pierre Durand (à droite, médaille d'or individuelle aux jeux Olympiques de Séoul).

que soit le nombre de partants, sauf aux chevaux éliminés ou ayant abandonné.

Sortir en compétition avec les chevaux de son club est une bonne solution pour débuter et revient moins cher que de posséder son propre cheval, ne serait-ce que parce que les déplacements sont assurés par le centre équestre. Il n'en est pas de même lorsque l'on dépasse la quatrième catégorie. Entraîner quotidiennement son cheval donne de plus grandes satisfactions et de meilleurs résultats en compétition. Un cheval de saut d'obstacles coûte environ 25 000 francs dans les premiers prix, un van tracté une place vaut entre 20 000 et 30 000 francs.

Un cavalier de haut niveau qui veut vivre du concours de saut d'obstacles possède en général une écurie avec des chevaux de propriétaires, qu'il entraîne et sort en compétition. L'élite des cavaliers de première catégorie – les athlètes de haut niveau – sont soutenus par la Délégation nationale aux sports équestres pour leurs déplacements en concours, pour l'obtention de stages ou de contrats formation...

Un entraîneur national, ainsi qu'un directeur technique national, sont nommés pour chaque discipline – saut d'obstacles, complet, dressage – et attachés auprès du ministère de la Jeunesse et des Sports.

● *Les épreuves « phares » de l'année en concours de saut d'obstacles*

Ces épreuves créent une émulation au sein des cavaliers de saut d'obstacles.

Les grandes compétitions nationales organisées par la Délégation nationale aux sports équestres sont :
– *les championnats de France* de saut d'obstacles, première, deuxième, troisième et quatrième catégories, avec spécialités cavalières, seniors et juniors, organisés tous les ans ;
– *le critérium national* de saut d'obstacles première catégorie.

Au niveau international :
– *la coupe du monde*, organisée par la Fédération équestre internationale, depuis 1978, constitue un ensemble de compétitions annuelles aux caractéristiques bien spécifiques : participation de cavaliers professionnels, déroulement exclusif en période hivernale et en « indoor ». Sept circuits de qualification : un pour l'Europe, trois pour l'Amérique du Nord, un pour l'Amérique du Sud et deux pour le Pacifique. Chaque circuit comporte une dizaine d'épreuves qualificatives ;
– *le championnat d'Europe* a lieu tous les deux ans ;
– *le championnat du monde*, se déroule tous les quatre ans, en alternance tous les deux ans avec les jeux Olympiques.

LE CONCOURS COMPLET

C'est une discipline de compétition très sportive, qui exige du cavalier une grande expérience du cheval et des aptitudes diverses. Elle comporte trois tests distincts : une reprise de dressage, un parcours de fond, un parcours de saut d'obstacles, au cours desquels le cavalier monte le même cheval.

Les épreuves se répartissent en deux filières :
– *la filière A* admet exclusivement les couples cavaliers-chevaux répondant aux critères de qualification prévus (en fonction de la catégorisation des cavaliers, des performances et des gains obtenus par les chevaux en concours complet dans leur carrière). Cette filière bénéficie de dotations minimales subventionnées par le ministère de l'Agriculture ;
– *la filière B* est ouverte à tous les couples cavaliers-chevaux, mais ne bénéficie pas de dotations minimales subventionnées.

Comme en CSO, les épreuves sont classées en régionales, départementales, nationales 1 et 2 :
– *les nationales 1 (épreuves A)* comportent deux séries : A1 et A2, n'appartiennent qu'à la filière A et sont réservées aux cavaliers de haut niveau, sortant en international ;
– *les nationales 2 (épreuves B)* comportent deux séries : B1 et B2 ;
– *les régionales (épreuves C) et les départementales (épreuves D)* comportent les séries C1, C2 et D ;
– *les épreuves juniors* sont réservées aux moins de 18 ans ;
– *les épreuves jeunes cavaliers* sont réservées aux cavaliers âgés de 16 à 21 ans ;
– *les épreuves jeunes chevaux* sont réservées aux chevaux de 4, 5 et 6 ans n'ayant pas dépassé un certain nombre d'épreuves l'année précédente.

Quatre catégories qualifient les cavaliers :
– la *quatrième (C4)* regroupe les cavaliers n'ayant pas été classés avec prix huit fois ou plus en quatrième série ou supérieure ;
– la *troisième (C3)* regroupe les cavaliers ayant obtenu au moins un prix en quatrième ou troisième série ;
– en *deuxième catégorie (C2),* sont qualifiés d'office

Le concours complet porte bien son nom : dressage, steeple, concours hippique et épreuve de cross en font la discipline la plus sportive et la plus spectaculaire (par exemple au passage d'un gué) des sports équestres.

les cavaliers ayant obtenu au moins un prix en troisième série (C) ou série supérieure;
– en *première catégorie (C1)*, les cavaliers doivent avoir obtenu au moins un prix en deuxième série (B) ou supérieure.

Les trois épreuves du concours complet doivent si possible se dérouler sur deux jours ou plus, quel que soit le niveau.

- *Le dressage*

Il comporte différentes reprises à exécuter selon les séries. Les critères de notation se fondent sur la précision des enchaînements, l'attitude générale du cheval, son équilibre, son impulsion. La notation va de 0 (non exécuté) à 10 (excellent).

Cette épreuve est souvent décisive pour le classement final: une mauvaise note en dressage coûte parfois le podium au cavalier.

La tenue du cavalier et l'harnachement du cheval sont les mêmes que pour un concours de dressage pur; martingales, autres enrênements et cravache sont interdits en compétition.

- *Le fond ou cross*

Cette épreuve spectaculaire a pour but de faire ressortir chez un cheval bien entraîné sa vitesse, son équilibre, son endurance, et son aptitude à sauter des obstacles en tout terrain. Au cavalier d'utiliser les allures à bon escient tout au long du parcours, tracé à travers la « campagne ».

Pour les séries D, C2, B2, A2 et Jeunes chevaux, le parcours ne comprend qu'une phase de cross dont la distance varie selon les séries entre 2 000 et 3 800 mètres, et le nombre d'obstacles entre douze et vingt-six. Les parcours des séries B et A sont totalement différents de ceux des séries D et C.

Pour les épreuves avec steeple (A1, B1, C1), le parcours comporte quatre phases:
– *phase A* : parcours sur routes et sentiers;
– *phase B* : parcours de steeple (avec, comme sur les champs de courses, des haies, buttes et fossés à sauter);
– *phase C* : parcours sur routes et sentiers;
– *phase D* : parcours de cross.

Les phases distinctes et indépendantes se suivent sans interruption, elles se déroulent d'une traite à l'exception d'un arrêt de dix minutes obligatoire entre l'arrivée du routier (phase C) et le départ du cross (phase D). Entre le départ et l'arrivée de chacune des phases, les cavaliers ont le choix de leur allure.

Contre-bas en rase campagne ou haie touffue au milieu des bois, les obstacles du parcours de cross reconstituent les difficultés que pouvaient rencontrer les cavaliers des siècles précédents lorsqu'ils galopaient à l'aventure hors des sentiers battus.

Un contrôle vétérinaire obligatoire permet de vérifier que le cheval récupère bien et conserve toute son intégrité physique. Une monture qui boîte n'est pas autorisée à terminer la compétition.

Le parcours de fond se dispute au chronomètre. Les résultats s'obtiennent en additionnant les pénalités sous forme de points attribués pour fautes aux obstacles ou dépassement du temps exigé.

Les obstacles du cross sont délimités par des fanions placés de chaque côté et numérotés. Ils sont fixes, imposants et si possible laissés dans leur état naturel – banquettes, talus, contrehauts, contrebas, passages de route, fossés, haies naturelles, barrières, gués... Les obstacles artificiels ne doivent pas demander aux chevaux des acrobaties pour les franchir.

Les fautes aux obstacles sont pénalisées d'après le barême propre à chaque catégorie d'épreuves. Les principales sont : le refus (concrétisé par un arrêt ou un reculer), le dérobé, la volte, la chute du cavalier, la chute du cheval.

Le cavalier a l'autorisation de porter une tenue légère, mais le port d'un casque avec mentonnière est obligatoire, ainsi qu'un dossard portant le numéro inscrit au programme. Pour les épreuves de fond, un poids minimal est obligatoire, de 75 kg pour les cavaliers et cavalières, 60 kg pour les juniors en deuxième et première séries avec ou sans steeple. Bien sûr, le poids peut comprendre le harnachement du cheval. Les embouchures variées sont autorisées pour le cross, mais martingales ou enrênements quelconques proscrits.

- *Le saut d'obstacles*

Il teste l'aptitude au saut du cheval et sa franchise sur des obstacles de difficulté moyenne. Souvent dernière épreuve du CCE, cette épreuve montre également les qualités de récupération du cheval. Le parcours est effectué sans barrage, avec un temps accordé.

Le choix du cheval de complet est primordial car celui-ci doit posséder à la fois des qualités de soumission, de maniabilité, une réelle aptitude au saut, beaucoup d'endurance et d'énergie, et de bonnes allures, en particulier au galop. Il faut du temps – deux ou trois ans – pour découvrir si un cheval qui a des aptitudes fera un crack et tiendra la distance. Il peut être performant sur 4 000 mètres, mais pas suffisamment pour les jeux Olympiques ! En CCE, on investit beaucoup sur un cheval, pour arriver parfois à 80 % du crack escompté. En règle générale, il est préférable de choisir à la base des chevaux faits pour cela, c'est-à-dire avec des origines de galopeur. L'entraînement consiste à travailler toutes les disciplines : la mise en forme pour le cross à base de galops réguliers (lents en montée, afin que les chevaux s'endurcissent), les abords d'obstacles, la soumission au dressage... Entraîner les muscles et le souffle est plus important que faire de la vitesse car le cheval doit aller jusqu'au bout et récupérer suffisamment vite pour affronter les autres épreuves.

Le cavalier de complet est un « homme de cheval » avant tout, il doit savoir trouver le juste équilibre entre les contradictions des différentes épreuves.

Le prix d'un bon cheval de complet peut atteindre les 100 000 francs. La dotation minimale d'un CCE n'est plus subventionnée à 100 % mais à 80 % dans la filière A, par le ministère de l'Agriculture. Les organisateurs doivent désormais trouver le complément, or, les coûts d'organisation sont particulièrement élevés en complet. Seules les épreuves Jeunes chevaux ont des primes subventionnées à 100 % par le ministère, ainsi que les championnats et les critériums. Pour une quatrième série (D) en filière A, la dotation est de 3 000 francs ; en deuxième série (B), de 20 000 francs ; en première (A), de 90 000 francs.

Les droits d'entrée sont répartis à raison de 20 % à la Délégation nationale aux sports équestres, 80 % aux organisateurs.

LE TOURISME ÉQUESTRE

INTERVIEW

Constance Rameaux

HISTOIRE

Le pur-sang arabe

DOSSIER

La randonnée • *Le voyage* • *L'endurance* • *Le « Ride and Tie »*

INTERVIEW

Constance Rameaux
Journaliste spécialisée dans le monde équestre. Elle a effectué de nombreux voyages, dont la traversée de l'Amérique latine, du sud vers le nord, à cheval en compagnie de Jean-François Ballereau.

« Balade, randonnée, voyage, raid... Seule la durée fait la différence dans tout ce joyeux découpage de l'équitation d'extérieur ! Entre le vagabondage d'une demi-journée, de trois jours, de trois mois ou de trois ans, à chacun de choisir en fonction du temps dont il dispose – ou de l'envie. L'essentiel étant de bourlinguer dans de bonnes conditions, dans le respect total du cheval et des individus que l'on a éventuellement entraînés avec soi. Mieux vaut donc s'évader quelques heures et revenir avec une monture joyeuse et un « sac à souvenirs » bien rempli, que de partir quinze jours, dont quatorze passés à « galérer » avec un itinéraire impossible, un cheval en mauvaise condition physique et un compagnon d'infortune avec lequel on ne partage qu'un goût immodéré pour le camembert ! Il faut savoir commencer petit, et ne pas rêver d'année sabbatique, d'Amazonie et de caravane d'animaux de bât avant d'être certain de savoir se dépatouiller avec son solide poney sur les paisibles sentiers qui quadrillent le département... Cela posé, bonnes routes ! Le voyage est sûrement à la portée de tout le monde, puisque moi je l'ai pratiqué !

» Quant à la compétition, on aime ou on aime moins. Pour ma part, je n'éprouve pas vraiment le besoin de me mesurer ou de me comparer dans un cadre défini et organisé. Si l'envie venait à me démanger, c'est sans aucun doute vers l'endurance que je me tournerais, cette discipline étant pour moi l'aboutissement sportif du voyage, la pierre de touche de la Route. Certainement une des plus difficiles aussi, dans le sens où elle fait appel à un maximum de connaissances de la part du cavalier – s'il sent un peu la poussière du manège, le fameux « homme de cheval » n'est toujours pas démodé ! Mais sans la légère amertume des difficultés, le plaisir aurait-il le même goût ?... »

Partir des jours, des semaines, des années... ou partir une heure ? C'est le choix de chacun, selon son goût et ses possibilités. Mais c'est aussi la responsabilité de chacun vis-à-vis de son cheval ; une longue randonnée nécessite une préparation beaucoup plus importante que la balade dans les coquelicots !

Barbour

HISTOIRE

Durant des millénaires le cheval fut un auxiliaire précieux pour l'homme dans ses déplacements. D'Alexandre le Grand jusqu'au Pony Express, en passant par le déferlement des Huns sur l'Occident, il fut un outil de conquête et de civilisation indispensable. Au début sans doute seulement bâté, puis tirant un travois (longues perches entrecroisées traînant sur le sol, utilisées pour transporter de lourdes charges avant l'invention de la roue), le cheval rendit de grands services avant même d'être monté ou attelé. Moins fort qu'un bœuf, il est en revanche beaucoup plus rapide, et d'un caractère plus riche qui le fait entrer au panthéon de pratiquement toutes les civilisations conquérantes : il y symbolise le plus souvent la vitesse et l'attachement à la liberté. Est-ce un hasard si aujourd'hui, à une époque si industrialisée que même les loisirs s'organisent à la chaîne, le retour à la vie naturelle est représenté pour de très nombreuses personnes par une randonnée équestre d'un ou plusieurs jours ?

Dans les sorties à cheval, chacun peut trouver l'évasion qui lui plaît : promenade d'une heure ou d'une journée pour un bol d'air pur ; tourisme équestre durant huit ou quinze jours pour une communion naturelle avec une région, des chevaux et quelques compagnons choisis ; voyage à cheval de quelques mois à plusieurs années pour les passionnés d'un retour à un rythme humain de vie. Les mordus peuvent même rechercher l'exploit dans des raids ou des courses d'endurance – la plus belle aventure étant toujours celle que l'on termine avec son ami équin en pleine forme, après avoir surmonté incidents et difficultés sans qu'il en pâtisse !

Pour vivre tout cela, le cavalier va bien sûr rechercher un cheval robuste, confiant, capable d'apprécier ces moments privilégiés. Il peut certainement le trouver au sein de toutes les races, il lui faut seulement choisir autant le mental que le physique de son futur compagnon. Toutefois celui qui s'est forgé à la fois une réputation d'endurance et de liens étroits établis entre lui et « son » homme, c'est par excellence le cheval arabe.

Le pur-sang arabe

Il a sans doute hérité de ses ancêtres cette faculté particulière d'être très proche de son cavalier ; ne vivait-il pas autrefois sous la tente même de certains bédouins, mangeant parfois des dattes et buvant du lait de chèvre comme lui lorsque le fourrage manquait ? C'est du moins ce que rapporte la tradition, et la frugalité comme la douceur de sa descendance ne peut contredire cette image. Mais l'arabe n'est pas mou pour autant, et son tempérament, sa volonté et sa solidité le rendent apte à franchir toute épreuve bien préparée.

S'il n'est pas très grand, le pur-sang arabe est solide et sa silhouette s'inscrit dans un carré défini par les membres antérieurs et postérieurs, fins mais robustes, et le dos plutôt court. La poitrine est profonde, la queue attachée haut est traditionnellement représentée en panache chez les chevaux en liberté. Mais le plus caractéristique reste le profil de la tête, avec un chanfrein concave, des yeux assez grands et de petites oreilles très mobiles. La robe est le plus souvent grise, parfois alezane, plus rarement baie.

Chevauchée de légende : fils du vent, le cheval arabe défie le sable et le soleil, et ouvre ses naseaux au souffle de la course.

Le confort et les loisirs de notre vie quotidienne ont engendré un besoin certain de vacances actives, un désir d'aventures et de découverte. Il n'est pas toujours utile d'aller loin pour vivre ce genre d'expérience.

Parmi les deux cent mille cavaliers évalués en France, un quart déclarent pratiquer la randonnée. Dix-sept mille sont recensés par l'Association nationale de tourisme équestre (ANTE), dénommée aujourd'hui Délégation nationale au tourisme équestre depuis son rattachement à la Fédération française d'équitation. Mais les cavaliers indépendants, ceux qui possèdent leur propre cheval chez eux – les plus nombreux –, ne sont pas recensés.

La randonnée

La randonnée brasse tous les âges et tous les types de clientèle (individuelle, familiale, en groupes constitués...). Une bonne condition physique et une quinzaine d'heures de pratique équestre permettent de sortir agréablement en extérieur sur des chevaux adaptés.

Les enfants et surtout les adolescents s'accommodent très bien des rudesses de la randonnée. Les « vétérans » aussi d'ailleurs ! Car s'ils ont continué à monter à cheval jusqu'à 60 ou 70 ans, c'est qu'ils ont suivi un entraînement régulier. La tranche d'âge qui semble avoir le moins de résistance serait celle des 30-40 ans (vie professionnelle accaparante, fatigue nerveuse, soucis...)

Sur 2 800 établissements hippiques ouverts au public en France, 1 850 environ déclarent pratiquer la randonnée. Parmi ceux-là, on distingue les établissements pour qui cette activité est très occasionnelle (4 à 12 jours de randonnée par an), ceux pour lesquels la randonnée constitue une animation secondaire (13 à 27 jours par an), et enfin environ 3 000 établissements pour qui elle constitue une activité importante ou dominante (28 à 122 jours par an).

Sept cents groupements sont affiliés à l'ANTE (établissements professionnels et associations), dont une cinquantaine pratiquent la grande randonnée, en France ou à l'étranger. On peut donc choisir sa région, le type de climat, un terrain plus ou moins accidenté...

LES ITINÉRAIRES

Pour randonner seul, en groupe ou accompagné, il existe dans la France entière un réseau de sentiers de promenade et randonnée reconnus, balisés, tracés sur cartes et décrits sur topoguides à l'usage du public. Mais en fait, conçus pour les randonneurs à pied, ces sentiers de grande randonnée (GR) ne sont pas toujours utilisables à cheval, près des zones d'agglomérations ou dans les régions montagneuses, par exemple. Parmi d'autres itinéraires reconnus, certains ne sont pas assez protégés, sont vendus par leurs propriétaires qui ne veulent pas les entretenir, ou ratissés par les paysans qui se les approprient pour agrandir leurs champs...

Aussi un plan national de randonnée équestre (PNRE) a été mis en place dès 1963, sous l'égide de l'ANTE, avec l'appui technique des associations départementales de tourisme équestre. Le but est de recenser la totalité des itinéraires qui restent pratiquables pour les chevaux, vérifier que les chemins se recoupent bien, qu'ils soient à la disposition des particuliers, et enfin les reporter sur des cartes. Déjà reconnus et authentifiés sur plus de la moitié des départements, ces chemins – balisés avec des marques de peinture orange – n'ont pas encore été répertoriés sur topoguides. Les renseignements sont communiqués par les associations régionales de tourisme équestre. Mais, attention ! L'existence de ces réseaux n'empêche pas que tout exploitant d'une ferme équestre ou d'un club soit amené à créer ses propres circuits, ne serait-ce que pour relier ses installations aux sentiers balisés et reconnus.

En principe, un bon itinéraire emprunte au maximum les routes non goudronnées, évite les passages dangereux et les traversées de propriétés privées !

L'Aventure ne se vit plus... à l'aventure. Pour aborder routes inconnues et traversée de nature sauvage, il faut avoir mis tous les atouts de son côté : choix des montures et des animaux de bât, préparation minimale de l'itinéraire (points d'eau notamment) et bonne évaluation du matériel et des vivres à emporter.

Beaucoup de chemins – dans les grandes forêts d'Île-de-France en particulier – sont spécialement balisés pour les cavaliers. Sont interdits les itinéraires dont la signalisation indique clairement qu'ils sont réservés à d'autres catégories d'utilisateurs (promeneurs, cyclistes...).

Quant aux plages et aux eaux littorales, elles sont souvent interdites à l'équitation sauf autorisation du maire pour des dates et emplacements déterminés. De même, la circulation le long de chemins de halage est subordonnée à l'obtention d'une autorisation écrite de la Direction départementale de l'équipement.

On peut pratiquer la randonnée toute l'année : en haute saison si l'on n'aime pas la solitude, durant un week-end ou... pendant plusieurs mois.

Du séjour dans un centre équestre – avec promenades, retour tous les soirs, plus instruction – au voyage à cheval « encadré », le cavalier amateur d'extérieur a toute une gamme de formules à sa disposition, en fonction de ses envies, de ses capacités et de son expérience.

La randonnée se définit comme le « déplacement incluant au moins une nuitée à l'extérieur de la base de départ ». Elle se distingue de la promenade qui n'excède pas une journée. Elle implique de la part des accompa-

Certains départements, à l'initiative de cavaliers compétents, ont établi des circuits balisés, entretenus et jalonnés de relais-étapes. Spécial cavaliers ! Deux organismes, « La Drôme à cheval » et « Le Jura du grand huit », ont mis sur pied respectivement 2 000 kilomètres de cheminement, entrecoupés de 45 gîtes d'étape et 1 200 kilomètres avec 55 gîtes d'étape. Ces circuits sont ouverts toute l'année, sans points de départ et d'arrivée imposés. En outre, ces deux associations proposent des randonnées accompagnées, en fonction de la durée et des difficultés sportives demandées, ainsi que des chevaux sans accompagnateurs.

La circulation en forêt procède souvent d'un règlement qu'il faut connaître, cherchant à respecter à la fois l'environnement naturel et le développement inéluctable d'une civilisation de loisirs. Ainsi, il est bon de savoir qu'en forêt, on ne doit pas quitter les voies ouvertes à la circulation publique et pénétrer sous bois, allumer du feu à moins de 200 mètres de la forêt ou à l'intérieur, fumer, couper du bois, laisser pâturer son cheval ou lui permettre de ronger l'écorce d'un arbre... Ce dernier peut en mourir !

gnateurs une organisation préalable complexe : recherche des itinéraires, des lieux d'étape, du logement des cavaliers, des chevaux, du transport des bagages...

On distingue plusieurs catégories de randonnées.

- *La randonnée « montée »*

Elle se pratique généralement en groupe (de sept à quinze personnes), sous la responsabilité d'un accompagnateur ou d'un guide de tourisme équestre expérimenté. Elle nécessite une initiation préalable à l'équitation de quinze à trente heures, cela afin d'en profiter pleinement. Elle peut enfin être effectuée en ligne, d'un point à un autre, ou bien en boucle, avec retour au point initial.

Parmi ces randonnées organisées, il en existe différentes sortes : de type « nature » (plus rudes que les autres, sans hébergement, où l'on bivouaque le soir près des chevaux, à la belle étoile), de type « rustique » (où l'on dort en gîte d'étape collectif, dans des granges ou abris sommaires), de type « confortable » (avec douche, cuisine régionale, et hébergement en hôtel).

Selon la formule, les déplacements se font avec le paquetage complet sur le dos du cheval plus des animaux de bât (mûles ou chevaux), ou avec un véhicule suiveur, qui assure l'intendance, les étapes du soir et transporte les affaires du cavalier. Cette formule a l'avantage pour les cavaliers de monter des chevaux peu chargés, mais l'inconvénient d'être soumis à un itinéraire fixe.

Enfin, il existe également des randonnées « à thème » : chevauchées historiques, gastronomiques...

- *La randonnée attelée*

Elle a la faveur d'un public attiré par les chevaux mais qui ne pratique pas forcément l'équitation. Le plus souvent sans encadrement, sur des itinéraires préétablis, la randonnée en roulotte toute équipée, en calèche, en chariot bâché « western », est bien adaptée à la demande familiale, car elle suppose peu de technicité. Du côté du loueur, l'investissement est lourd, car cela suppose des chevaux bien dressés et bien entraînés, choisis pour leur calme, leur docilité et leur gentillesse.

- *La randonnée « en liberté »*

On fournit au cavalier de bon niveau équestre un cheval dressé, en condition de travail, un itinéraire intéressant, des gîtes d'étape à distance raisonnable les uns des autres (environ 35 kilomètres) et une assistance

La randonnée, c'est aussi l'attelage ; et qui dit chariot dit chevaux de trait ou... mules. La plupart des équidés font d'excellents compagnons (une célèbre famille a fait le tour de France avec deux enfants en bas âge et un âne de bât). Contrairement à beaucoup d'idées reçues, la mule est travailleuse et agréable à vivre lorsqu'elle a adopté son meneur !

rapide en cas de besoin. C'est une nouvelle demande à laquelle quelques centres équestres (une quinzaine en France) commencent à répondre. Cette formule exige des chevaux sûrs et une surveillance à distance.

L'hébergement offre un vaste choix de possibilités à envisager avec la formule de randonnée proposée. Le gîte d'étape accueille des randonneurs à cheval à la nuitée, offre un abri pour les montures et fournit éventuellement la nourriture des chevaux. Mais il n'est pas spécialement axé sur les randonneurs à cheval. Les gîtes équestres sont des gîtes ruraux classiques, dont les propriétaires possèdent un ou deux chevaux de selle mis à disposition des vacanciers qui restent sur place. Les fermes équestres, outre des prestations hôtelières, ont de nombreuses compétences : élevage de chevaux, mise en condition, encadrement d'activités équestres, enseignement... De manière plus générale, ce sont des exploitations agricoles où l'on pratique l'équitation.

Restent les produits bien connus : l'hôtel, le tas de paille, le grenier à foin, le camping et... la nature. Dans l'éventail proposé, tous les goûts sont pris en compte, ainsi que les âges, et même la restauration : repas froid en pique-nique à midi, tables d'hôte, restaurant ou possibilité de préparer soi-même les repas du soir.

Enfin, une dizaine d'organismes proposent des voyages à l'étranger, particulièrement dépaysants, accompagnés par des professionnels du tourisme équestre. Destination Islande, Espagne, Autriche, Chine, Kenya, Maroc, États-Unis, etc.

LA PRÉPARATION D'UNE RANDONNÉE

On « tient » facilement à cheval deux heures. Au-delà, un minimum de bonne condition physique est nécessaire et permet de mieux supporter la chaleur, la pluie, les insectes... Il est de toute façon préférable d'avoir déjà derrière soi quelques heures en selle.

Un équipement judicieux n'est pas à négliger, même s'il n'existe pas de tenue type de randonnée. Il doit avant tout être rationnel, solide, peu salissant et confortable, quelles que soient la saison et la région choisies. Le jean est solide et résiste aux accrocs. Le cuir est à éviter, car il est fragile, se déchire et ne résiste pas longtemps à la pluie. De plus, il est long et difficile à faire sécher. Les chaussures doivent être confortables, aussi bien à cheval qu'à pied : proscrire le caoutchouc. La coiffure n'est pas obligatoire en randonnée, mais bien utile contre le soleil, la réverbération, les branches d'arbres mal

Selon le climat, le poids de matériel emporté et le goût de chacun, tous les bivouacs sont possibles : tente sophistiquée ou simple abri de toile tendue sur une branche paraît de toute façon, le soir, à côté des chevaux et du feu de camp, le meilleur des « trois étoiles ».

intentionnées... de même qu'une chemise longue protège des insectes. Enfin, est indispensable l'imperméable conçu pour l'équitation ou le pancho. Trempé, on ne goûte pas longtemps aux joies de la balade.

Randonner sans risque, c'est aussi prendre une bonne assurance. La carte nationale de tourisme équestre délivrée pour un an par l'ANTE propose des garanties pour toutes les activités équestres quelles qu'elles soient, hormis les compétitions officielles. Elle prend en compte les raids équestres d'endurance et les championnats de randonnée. Ses garanties : individuelle accident, décès, frais médicaux, assistance et rapatriement dans le monde entier, responsabilité civile du cavalier ou du meneur, tierce collision pour le cheval, à l'exclusion du vol, de la mortalité et de la maladie du cheval qui sont à prendre en option.

Les tarifs varient d'un club à l'autre, entre celui qui organise une randonnée occasionnelle pour quelques cavaliers, et le vrai professionnel qui sait gérer son produit en offrant des prestations de qualité. La fourchette peut s'étaler entre 240 francs et 550 francs par jour environ.

En séjour, le tarif est de 300 francs environ, comprenant trois heures d'équitation par jour ; pour un week-end 700 francs. Des tarifs spéciaux sont prévus pour les groupes et les comités d'entreprise.

Voyager en roulotte, outre confort et lenteur, est assez économique, car toute la famille peut y participer.

Le prix de la carte nationale de tourisme équestre est de 160 francs et de 90 francs pour les juniors (moins de 12 ans).

LES EXAMENS

Afin de donner plus d'autonomie aux cavaliers, des examens spécifiques ont été créés pour les pratiquants de la randonnée. Véritables « passeports pour l'extérieur », ils donnent de bonnes notions de base.

– *Le brevet de cavalier-randonneur de bronze* contrôle l'aptitude du cavalier à participer à des randonnées en terrain varié. Il s'obtient après avoir accompli sept jours de randonnée sous le contrôle d'un diplômé de l'ANTE, puis quatre jours en gîte ou en bivouac.

– *Le brevet de cavalier-randonneur d'argent* est destiné à ceux qui veulent se perfectionner à titre personnel et posséder de bonnes connaissances d'homme de cheval et de technicien de la randonnée. Pour l'obtenir, il faut avoir une licence fédérale, être titulaire du premier diplôme, avoir effectué une randonnée de dix jours, attestée par un carnet de route, avoir 16 ans révolus le jour de l'examen. Au programme : topographie, orientation, alimentation, entretien du cheval, notions de secourisme humain et équin, règlements de circulation et épreuves pratiques.

Aux cavaliers soucieux de perfection, des certificats de connaissances sont délivrés selon l'activité choisie : maréchalerie, bourrellerie, secourisme, initiation, orientation, à la suite de stages dans des « écoles de randonnée ».

Pour les débutants qui souhaitent partir rapidement en extérieur, l'ANTE a mis au point des stages d'initiation « cheval vert », à base de méthodes de décontraction pour une équitation plus naturelle et douce sur des chevaux calmes. Une mise en selle est très vite suivie de sorties à cheval dans la nature, puis de randonnées de deux ou trois jours.

LES DÉBOUCHÉS PROFESSIONNELS

Professionnels à part entière, les responsables du tourisme équestre encadrent mais n'enseignent pas.

Les passionnés bénévoles peuvent passer le *diplôme d'accompagnateur*, s'ils ont 18 ans révolus, s'ils possèdent le diplôme de cavalier-randonneur de bronze, suivi d'une randonnée de quatre jours consécutifs, ainsi que le diplôme de l'éperon de bronze. Ce diplôme permet de conduire une promenade et, sous la responsabilité du chef d'établissement, une randonnée équestre de courte durée sur un itinéraire indiqué. On compte actuellement 4 500 accompagnateurs.

Les professionnels passent en général le *brevet de guide de tourisme équestre*, bien que beaucoup de « vieux routiers » de la randonnée ne l'aient pas. Les conditions : 20 ans révolus, le diplôme d'accompagnateur en poche depuis six mois minimum, le brevet de secourisme et l'éperon d'argent. Les guides – ils sont environ 250 – sont des animateurs capables de faire découvrir aux cavaliers les lieux où ils les conduisent.

Le *brevet de maître randonneur* n'a été passé que 5 ou 6 fois depuis vingt ans à cause de sa difficulté et de sa spécificité de haut cadre. Les premiers maîtres randonneurs ont obtenu le titre en même temps que la création du diplôme ! Ils sont une vingtaine en France, ils ont au minimum 30 ans, ce sont de véritables techniciens chargés de coordonner les activités à l'échelon régional, des organisateurs, des formateurs et

des conseillers de leur spécialité. Ils sont parfois titulaires du BEES du premier degré.

Une nouvelle étape dans l'organisation de la profession : le certificat de « tourisme équestre » du BEES du premier degré, qui permet d'enseigner l'équitation d'extérieur et de former des individuels à la randonnée.

Mais n'oublions pas que le tourisme équestre est souvent l'activité complémentaire d'un agriculteur, d'un hôtelier, d'un éleveur ou d'un club hippique. Ces entreprises, parfois familiales, ne peuvent généralement pas assurer l'embauche d'un diplômé salarié. De plus, l'activité est souvent saisonnière.

Le professionnel s'installe la plupart du temps à son compte, comme loueur d'équidés – quand il n'a pas de diplôme d'enseignant –, agréé en tant que centre de tourisme équestre.

Peut-on vraiment parler de salaires dans le tourisme équestre ? L'absence de salariat et d'offres d'embauche rémunérées, la variation des revenus saisonniers, le bénévolat... rendent les statistiques difficiles à établir.

LES MANIFESTATIONS DE COMPÉTITION

En dehors des inconditionnels de la randonnée « semi-sauvage » et dépaysante en petits groupes, il existe un certain nombre d'amateurs de rassemblements amicaux, de rallyes compétitifs ou non, avec parcours de « difficultés naturelles ». Parmi les manifestations sans esprit de compétition, on compte :

– *l'Equirando annuel* (vingt-huitième édition en 1989), qui draîne aujourd'hui près de mille cavaliers, et qui n'est en fait qu'un prétexte à randonner. Une marche d'approche de 150 à 1 000 kilomètres à cheval est obligatoire pour y participer, authentifiée par un carnet de route. C'est une marche à travers la France (cinq à trente jours de chevauchée selon les équipes) dans le respect du cheval et du monde rural ;

– *des rallyes*, de moins grande envergure, sont organisés au niveau régional.

Parmi les rallyes compétitifs, les règlements sont très variables. Perspicacité, jeux et devinettes font le principal attrait de l'épreuve, ceci savamment agrémenté d'un petit parcours d'obstacles.

Dans les courses d'orientation, les difficultés reposent sur des connaissances topographiques plus ou moins poussées, associées à un « facteur temps » ;

– *le raid centaure* est une belle et rude épreuve complète, de nuit, en 24 heures, sur 160 kilomètres, à parcourir dans de mauvaises conditions (en novembre, en Seine-et-Marne) ;

– le Pégase, le Schrapnell, les 24 heures de Recloses, le Raid de la licorne, la Chevauchée picarde... font partie de ces rallyes compétitifs annuels.

Les courses d'orientation sont couronnées par le *championnat de France des techniques de randonnée équestre de compétition* (TREC) après des sélections départementales et régionales. Il comporte quatre épreuves : un parcours d'orientation et de régularité ; un parcours chronométré comportant seize difficultés naturelles ou simulées (sur cinq kilomètres), un test de maîtrise des allures, et une épreuve de présentation du couple cavalier-cheval.

C'est un championnat démontrant la vitalité d'un loisir sportif considéré comme discipline à part entière, avec ses techniques, ses difficultés, ses chevaux et... ses pratiquants.

Le voyage

Prélude indispensable au voyage à cheval : une formidable envie de partir. Larguer les amarres de sa propre initiative, assumer l'entière responsabilité de soi-même et de sa monture, s'immerger totalement dans la grande aventure, sans assistance : telles sont les caractéristiques essentielles du voyage à cheval, qui le distinguent du tourisme équestre proprement dit.

D'utilisateur « encadré », le randonneur devient cavalier responsable, ne pouvant s'en remettre qu'à lui-même. C'est une expérience personnelle enrichissante et passionnante, que peu de cavaliers osent tenter du fait de ses nombreux impondérables. Voyager à cheval correspond à un état d'esprit, à une découverte mûrie, plus qu'à une simple distraction. On en accepte les risques, et l'on compte avant tout sur ses propres ressources.

Le voyage a ceci de particulier qu'il ne correspond à aucun critère de lieu ou de durée, contrairement à la randonnée structurée. Il implique souvent une disponibilité maximale. Pour cela, les voyageurs à cheval n'hésitent pas à quitter leur travail durant de longs mois, sans avoir l'assurance de le retrouver en rentrant. Peu importe ! Les considérations matérielles de la vie quotidienne constituent rarement une barrière pour celui qui a fait le choix de partir.

Le voyage à cheval ne se prépare pas à l'aide de doctrines, de « recettes » mais reste – et c'est ce qui fait son charme – à l'initiative de chacun. Le voyageur demeure en toute situation son propre guide. Les seules références existant sur le sujet ne peuvent être que celles des voyageurs qui ont fait leurs preuves ! Et chacun a sa propre expérience, unique.

Partir à un, à deux, à trois ? Certains diront qu'en la matière « plus on est de fous, moins on rit »...

À deux ou à trois dans un pays étranger, on emmène déjà un petit bout de son Occident, ne serait-ce qu'en parlant français !

Seul, on est obligé de se plonger dans la vie des autres, et les rencontres en sont d'autant plus fortes...

Mais un couple rassure, et les souvenirs se partagent plus facilement à deux que tout seul !...

Partir loin ? Le voyage à cheval peut se vivre aussi bien en France qu'à l'autre bout du monde... L'éloignement géographique d'un pays inconnu ne fait que donner une saveur de plus à l'aventure.

Partir longtemps ? Lorsqu'il ne dure que quelques jours ou quelques mois, le voyage est une délicieuse parenthèse dans la vie ; lorsqu'il dépasse six mois, et se poursuit sur plusieurs années, il devient une nouvelle façon de vivre, un état de vie...

La préparation n'est bien sûr pas la même pour une promenade durant la journée et un départ en randonnée. Aux précautions d'usage (cheval bien ferré, avec un harnachement en bon état et qui ne le gêne pas), il faut ajouter au minimum un licol en place sous le filet (pour l'attache) et une grande longe de rechange, un petit matériel de ferrage et de pansage, un imperméable pour le cavalier, une carte et une boussole, un peu d'eau. Le tout attaché soigneusement, de manière stable !

LA PRATIQUE

Tout voyageur, du fait de ses responsabilités envers sa monture, ne part pas sans de sérieuses connaissances en sellerie, bâtage, nutrition, maréchalerie.

Quelle que soit la race choisie, le cheval de voyage doit pouvoir s'adapter aux changements brutaux et parfois agressifs de l'environnement. Hormis un moral à toute épreuve et certaines qualités physiques essentielles, le cheval de voyage doit être équilibré, sociable et avoir beaucoup d'instinct.

Le cheval de bât a ses inconditionnels. Pas forcément utile pour des voyages courts dans des pays riches, il est le gage d'une plus grande autonomie, même s'il ralentit le train. Lorsque l'on voyage seul, il est aussi un compagnon pour le cheval monté, et permet beaucoup plus de liberté d'action dans les espaces déserts.

Savoir s'orienter est indispensable, surtout lorsque l'on voyage seul. À l'aide de cartes, d'une boussole, en sachant interroger le ciel et la nature, estimer la longueur d'une étape, où trouver de l'eau pour les chevaux...

Afin d'éviter les tracas administratifs inévitables lors de passages de frontières par exemple, il est préférable de réunir tous les papiers nécessaires avant le départ. Les pièces à présenter en douane sont :

– *une autorisation* demandée à l'Union nationale interprofessionnelle du cheval (UNIC), valable un an, en précisant le nom, le sexe, la robe et les origines du cheval, ainsi que la valeur à déclarer en douane ;

– *un certificat sanitaire,* délivré par un vétérinaire titulaire du mandat sanitaire, certifiant que le cheval était stationné dans un environnement indemne de maladies contagieuses ;

– *le document d'identification du cheval.*

Les chevaux doivent être vaccinés pour les pays destinataires. Pour une importation temporaire, joindre la durée du séjour et le motif...

L'ÉQUIPEMENT

La selle de randonnée est à choisir autant que possible adaptée à tout type de garrot et tout type de dos. Sauf si l'on a pu dénicher la selle idéale s'adaptant parfaitement à son cheval ! L'important est d'observer les points de contact, afin que l'ensemble soit bien réparti sur la surface du dos. Chaque randonneur a des « trucs ». Une selle de voyage comporte des anneaux d'attache permettant de fixer les sacoches.

Les bâts suisses sont souvent très lourds bien que d'excellente conception. Le bât italien est bon pour des chevaux larges et sans garrot. Le bât américain, léger, est le plus couramment utilisé.

Les sacoches de bât peuvent être des caisses en bois, en fibre de verre, des sacoches en cuir renforcé ou en toile cirée, avec ou sans armature...

Le petit matériel indispensable : une trousse de maréchalerie (une lime, une rape à pied, une mailloche, une reinette, un rogne-pied, une tenaille, des clous), une machette, une trousse de secours...

En général, le randonneur aime à créer son propre équipement. Le marché offre un vaste choix.

LES FINANCES

Ceux qui pensent qu'il sera toujours temps de trouver des sous sur la route ou sous les pieds de leur cheval ont soit un optimisme à toute épreuve, soit une expérience extraordinaire derrière eux. Quoi qu'il en soit, les chevaux exigent qu'on s'occupe d'eux, qu'on prenne en charge leur santé et leur vie... et cela nécessite parfois de l'argent. Pour le randonneur, il est vrai qu'en renouant avec une vie rudimentaire, il peut se contenter de l'essentiel. Mais tout dépend du pays où il se rend, de son niveau de vie et de la mentalité des habitants.

En dehors de quelques économies qui suffisent à peine à la préparation, les voyageurs sont en général à la recherche de commanditaires, en échange de publicité, d'articles de journaux, de reportages photos. Dans ce domaine, il n'y a pas de solutions toutes faites. Ce peut être une aide en matériel, en espèces sonnantes, etc. À chacun de se débrouiller. Peu de voyageurs partent loin avec leur fortune personnelle !

Le voyage « nomade » est la forme la plus responsable et la plus aventureuse de l'équitation en extérieur, ce qui ne signifie pas pour autant la moins sûre !

L'ENDURANCE

Cette discipline, apparue en Europe depuis une dizaine d'années, ne se pratique que sous forme de compétition. Elle se court au chronomètre sur un itinéraire imposé et balisé, et exige plus que jamais de la part du cavalier d'être « homme de cheval ».

Une préparation et un entraînement adéquats permettent d'amener le cheval à des performances spectaculaires sans altérer sa santé, ni son énergie. Le cheval est ramené à son emploi initial : aller vite et loin à travers la nature.

Les épreuves d'endurance sont organisées par le Comité national des raids équestres d'endurance (CNREE), chargé par la Fédération française d'équitation du contrôle des chevaux et des cavaliers.

Ouverte aux cavaliers de tous âges et de toutes disciplines, ainsi qu'à toutes les races de chevaux, l'endurance est la seule discipline à brasser autant de cavaliers indépendants. La plupart pratiquaient l'équitation d'extérieur (randonnée), avant d'être séduits par cette forme de compétition.

Posséder un sens du cheval peu commun – c'est-à-dire le connaître suffisamment pour sentir s'il peut aller plus loin ou abandonner –, avoir des connaissances en physiologie musculaire, en anatomie cardio-respiratoire, avoir étudié les risques de déshydratation... sont des atouts indispensables pour participer à un raid et peut-être gagner.

Le CNREE compte 1 250 membres cotisants. La plupart pratiquent l'endurance en épreuves d'entraînement ou qualificatives. Les plus performants – un petit noyau – participent aux compétitions pré-nationales et nationales. L'élite est composée d'une centaine de cavaliers participant aux cinq grandes « nationales ». L'équipe de France s'est classée troisième au championnat du monde de 1986.

Avec les années, l'endurance en France s'est considérablement structurée, sans pour autant s'entourer d'un carcan pesant. Ainsi, un cavalier sans brevet peut participer à un raid d'endurance avec un cheval sans papier.

En ce qui concerne les races présentes en compétition, on constate que 30 % des chevaux qualifiés sont d'origine inconnue, 21 % sont des chevaux de selle, les autres sont des chevaux de selle français, des trotteurs, des arabes, des anglo-arabes, des poneys, des pur-sang anglais... Leur âge moyen se situe entre 6 et 10 ans, mais la majorité des chevaux qualifiés sont âgés de 7 ans.

Quarante-six départements ont déjà accueilli des épreuves, dont le nombre global augmente de manière spectaculaire d'année en année.

Si le sud-ouest et le sud-est de la France demeurent les bastions sûrs de l'endurance, l'Ouest, la Normandie et sa région ne demandent qu'à prendre le relais. Le

Les sacoches comme les bâts doivent être soigneusement répartis puis attachés afin de ne pas compromettre l'équilibre des chevaux dans les passages délicats. Certains préfèrent la stabilité des caisses, indéformables et faciles à maintenir en place ; mais, pour qui voyage loin, le supplément de poids est trop important et conduit au choix de paquets souples, arrimés de façon très méticuleuse.

Nord et l'Est ont organisé leurs premières épreuves récemment.

Le choix des circuits se fait selon des critères appropriés : terrain varié (nature du sol, valonnements, chemins en sous-bois...), accès facile, grande boucle attrayante pour les concurrents (qui demande un balisage important) ou boucle à deux passages (plus ennuyeuse pour chevaux et cavaliers).

Les dates des raids s'établissent en fonction de divers impératifs : d'une part, le calendrier national et local – éviter de choisir la même date que celle d'autres manifestations sportives ou rallyes –, et d'autre part, la saison et la période de l'année la plus favorable dans la région choisie. L'état du terrain, les conditions climatiques et la saison de chasse sont aussi des facteurs à ne pas négliger.

Seules les épreuves nationales peuvent durer plus d'une journée. La distance est alors de 100 kilomètres minimum par jour.

Le succès d'une épreuve dépend de tous les intervenants. Pour le concurrent, tout est fonction de sa préparation physique et psychologique, ainsi que de l'entraînement minutieux et progressif de son cheval. Dans tous les cas, il doit garder l'esprit franc jeu et recevoir toute décision du jury sans humeur, y compris le retrait de son cheval de l'épreuve, si cela paraît s'imposer.

Les organisateurs ont la lourde tâche de veiller au respect des limites du cheval, comme à l'agrément des cavaliers.

Les vétérinaires contrôlent les chevaux tout au long de la journée. Le nombre idéal pour une épreuve : un vétérinaire pour dix chevaux. Une nouvelle réglementation a instauré un seul contrôle vétérinaire, aux étapes et à l'arrivée, au moment choisi par le cavalier dans la limite de trente minutes après son arrivée. La vérification d'un rythme élevé par prise de température entraîne l'élimination si le seuil de 40 °C est atteint. Les boiteries « légères » sont éliminatoires en fonction du diagnostic et du pronostic des deux vétérinaires consultés qui prennent leur décision.

Un maréchal-ferrant et un service médical sont présents en permanence au centre de contrôle.

COMMENT PARTICIPER À UNE COURSE ?

– En possédant une licence de pratiquant du CNREE, assortie d'une assurance couvrant les risques du cavalier pour les compétitions d'endurance, ainsi qu'une carte de qualification qui enregistre les participations et résultats successifs des cavaliers ;
– en étant âgé d'au moins 12 ans pour les épreuves pré-nationales et nationales ;
– en vaccinant obligatoirement ses chevaux contre la grippe équine, et en passant soi-même une visite médicale d'aptitude.

La tenue du cavalier, en épreuve, est libre, sobre et correcte. Il doit être à l'aise dans toutes les conditions climatiques, sans poids inutile. Beaucoup de cavaliers substituent des « tennis » et des guêtres aux bottes, ce qui leur assure une bonne souplesse en selle comme à pied. Car l'endurance, c'est aussi courir à côté de son cheval...

LES ÉPREUVES

• *Les épreuves d'entraînement et de qualification*

Sur une distance de 60 à 70 kilomètres (30 kilomètres pour les entraînements), la vitesse moyenne imposée est de 12 à 15 kilomètres à l'heure, au gré du cavalier. Le départ se fait individuellement ou en petits groupes. Sont classés les chevaux et cavaliers ayant terminé l'épreuve à la vitesse imposée et non éliminés pour raisons vétérinaires ou réglementaires.

• *Les épreuves pré-nationales*

Mêmes conditions que les précédentes. Seule la distance augmente : minimum 85 kilomètres, maximum 95 kilomètres.

• *Les épreuves nationales*

Elles sont de deux types : nationale 1 (130 kilomètres minimum, 160 kilomètres maximum en une journée), nationale 2 (120 kilomètres en une journée). La vitesse est libre, le mode de départ est prévu dans le programme de l'épreuve : en groupe ou individuellement. Au classement, le chronomètre départage les concurrents non éliminés lors des contrôles vétérinaires ou sur décision du jury.

Pas d'examens pour obtenir un permis de concourir, mais une progression logique par classement dans les épreuves suivant l'ordre croissant (qualificative, pré-nationale, nationale). La préparation se fait à l'aide de cavaliers d'endurance et de vétérinaires expérimentés, afin d'apprendre le meilleur processus d'entraînement et le régime alimentaire adapté à son cheval.

L'endurance, c'est aussi savoir marcher à côté de son cheval, pour le laisser souffler après un passage difficile. Durant les épreuves, les concurrents sont souvent concentrés sur l'écoute de leur monture et l'évaluation de leur position ; toutefois, cela n'exclut jamais le plaisir d'être à cheval dans la nature... et libre.

Les droits d'engagement s'élèvent de 80 francs à 330 francs selon la nature de l'épreuve. La carte de qualification annuelle du CNREE coûte 100 francs.

Le « Ride and Tie »

Sport récent en France, le « Ride and Tie » allie à la fois l'équitation et la course à pied. Initialement appelé « Ride and Run », cette course est originaire de Californie – la première eut lieu en 1971 – en souvenir des coursiers du fameux Pony Express !

L'épreuve réunit des équipages de deux cavaliers-coureurs et d'un cheval, chaque concurrent étant tour à tour cavalier ou coureur. Le cavalier prend de l'avance sur le coureur, s'arrête, attache son cheval et repart à pied. Celui qui était à pied rejoint le cheval et continue le parcours en selle, et ainsi de suite.

L'équipage est indissociable pendant toute la durée de la course, mais chacun des membres peut être aidé au relais obligatoire de mi-parcours par un assistant désigné au préalable.

Deux obligations : six changements minimum de monte avec contrôle vétérinaire et une arrivée groupée.

La distance de la course varie suivant le profil du terrain et l'âge des concurrents :
– 50 à 80 kilomètres pour la série seniors (à partir de 18 ans),
– 20 à 30 kilomètres pour la série juniors (réservée aux 14-18 ans).

Le « Ride and Tie » est ouvert à tous les titulaires (hommes et femmes) d'une licence de pratiquant de la FFE, ayant acquitté leurs droits d'engagement et munis d'un certificat médical. Pour les mineurs, une autorisation spéciale signée des parents est à joindre au bulletin d'engagement. Le règlement impose de posséder un cheval âgé de plus de 5 ans.

La tenue et le poids des cavaliers-coureurs sont libres, de même que le port d'une coiffure de protection. Le harnachement du cheval doit comporter une longe.

Le championnat de France est ouvert aux concurrents qui ont participé sans élimination ni abandon à l'une des cinq épreuves qualificatives de l'année.

LE DRESSAGE

INTERVIEW

Dominique d'Esmé

HISTOIRE

Le pur-sang anglais

DOSSIER

Généralités • *Les débouchés*
• *La compétition*

INTERVIEW

Dominique d'Esmé
Membre de l'équipe de France de dressage depuis quinze ans. A participé aux jeux Olympiques de Montréal et de Los Angeles. Neuf fois championne de France, deux fois finaliste de la coupe du monde, elle a remporté une trentaine d'épreuves internationales.

☐ *Pour les finalistes, le dressage n'est souvent qu'une jolie position d'un cavalier, posé sur un cheval qui fait tout. Qu'en pensez-vous ?*

C'est une belle image mais la réalité est plus complexe. Il faut d'abord trouver des chevaux doués avant de faire du dressage. Pas facile ! Ensuite, il faut en faire des athlètes, et pas n'importe comment. Des athlètes musclés et... souples ! Tout cela n'est pas complet si le cheval ne possède pas un bon caractère, s'il n'est pas équilibré, physiquement et psychologiquement.

☐ *Le dressage est-il considéré comme une base aux autres disciplines ?*

Oui, tout à fait. Du débourrage jusqu'à l'âge de 5 ans, tous les chevaux que l'on veut orienter vers une discipline spécifique doivent recevoir un bon dressage de base. Après, pour le dressage proprement dit, on commencera à s'occuper du « rassembler ».

☐ *Les professionnels sont-ils les seuls à pouvoir monter un cheval de haut niveau ?*

Non, pas du tout. Un amateur est capable d'arriver au grand prix avec un bon cheval. Un professionnel ne fait que cela avec plusieurs chevaux, il a donc des facilités. Mais il n'y a pas de différence au niveau des performances.

☐ *Apprenez-vous à vos chevaux des mouvements qui ne sont pas demandés en compétition, mais qui vous semblent utiles ?*

Non. Je prépare mes chevaux en fonction de tout ce qui leur est demandé en reprise de dressage. Pas pour mon plaisir personnel. Chaque cheval a ses manies, ses petites habitudes bien sûr, mais je leur demande un minimum de discipline, en plus du travail de base. De toute façon, le cheval n'exécute que ce que le cavalier a choisi de lui faire exécuter.

☐ *Que pensez-vous du dressage des chevaux de travail ? Est-il le même que celui de la haute école ?*

Non, c'est un autre « dressage ». Mais à tous les chevaux, qu'ils soient utilisés par les cow-boys pour rassembler les troupeaux, ou par des dresseurs pour des numéros de cirque, on demande d'être en équilibre. Puis on adapte le dressage à ses besoins propres. Le cheval est merveilleusement maléable. À chacun son métier. On privilégie plus ou moins la souplesse ou la puissance.

☐ *Vous affectionnez particulièrement les reprises en musique. Pourquoi ?*

C'est d'abord un moyen indiscutable de sortir du cadre austère et traditionnel des reprises de dressage. J'aime travailler en musique, mes chevaux aussi ! Cela nous oblige à rester dans une cadence égale. Et je suis sûre que la musique aide les chevaux ! Certains y sont plus réceptifs que d'autres, et s'installent d'eux-mêmes dans la cadence.

☐ *Pourquoi la discipline du dressage est-elle si mal connue du grand public ?*

Parce que la France manque de « locomotives », de « héros », sur lesquels elle puisse compter. Seuls les joueurs des grandes rencontres internationales font frémir la fibre patriotique. Les jeunes se passionnent davantage. Mais nous progressons. Les chevaux fançais sont plus nombreux qu'il y a quelques années dans les grands prix internationaux. Si le dressage est une discipline qui a autant de succès que les autres en Allemagne, c'est parce qu'on la présente en même temps que les épreuves hippiques par exemple, et que les enseignants et les chevaux dressés sont plus nombreux dans les clubs... Allons dans ce sens !

Dominique d'Esmé et son grand cheval gris Fresh Wind, avec lequel elle fut plusieurs fois championne de France.

P

HISTOIRE

Le dressage peut être défini comme l'éducation du cheval dans le but d'obtenir de lui le comportement qui rend possible l'emploi auquel on le destine. Comme le cheval peureux ou méchant ne donne jamais au cavalier tout ce que l'on pourrait attendre de lui, l'avantage d'un enseignement excluant toute brutalité semble évident. D'ailleurs les traces les plus anciennes retrouvées d'un manuel d'équitation, *l'Hipparque* de Xénophon (IVe siècle avant Jésus-Christ), prouvent que les Grecs, et les Perses avant eux, firent grand cas de l'entraînement des chevaux... même si c'est dans le but d'avoir une cavalerie efficace durant la bataille. Pourtant l'équitation ne pourra vraiment évoluer que lorsque apparaîtra l'étrier, qui apporte une véritable stabilité au cavalier.

Venu de l'Est avec les Mongols assaillant l'Empire romain, cette pièce de bois, puis de fer, va transformer le cours de l'histoire et précipiter la chute des armées qui ne l'ont pas adoptée. Et petit à petit apparaît ce qui ressemble maintenant à une monstruosité : le développement de la cavalerie du Moyen Âge, cette accumulation de ferrailles sur une lourde monture dirigée avec des mors et de longs éperons d'une férocité à peine croyable, pour compenser l'incapacité totale dans laquelle se trouve le « chevalier » de bouger. Ce n'est d'ailleurs que grâce à leur supériorité numérique que les Francs repoussèrent la légère cavalerie maure à Poitiers, en 732. En revanche, face aux archers anglais, les chevaliers de Charles VI furent sévèrement écrasés à Azincourt, en 1415.

L'invention des armes à feu, au temps de Henri IV, précipita la disparition de cette monte devenue anachronique, et obligea les cavaliers militaires à développer leur assiette et la légèreté de leurs chevaux dans des combats devenus presque acrobatiques. C'est ainsi que toute une école naît à la Renaissance, d'abord en Italie avec un écuyer du nom de Pignatelli, puis en France, sous l'impulsion de l'un de ses plus célèbres élèves, Antoine de Pluvinel. Tous les officiers prennent alors des cours d'art équestre, afin de savoir obtenir de leur monture une large série de mouvements destinés à parer aux attaques d'adversaires aussi fins cavaliers qu'eux. Tous ces mouvements vont être codifiés et donner naissance aux « airs relevés » de la « Haute École » d'aujourd'hui. Les héritiers de ces traditions, l'École espagnole de Vienne et le Cadre noir de Saumur, présentent donc des reprises et des airs stylisés dans l'esprit de ces traditions militaires. Parallèlement de grands écuyers comme La Guérinière, Baucher, le comte d'Aure et bien d'autres, initièrent de nombreux élèves à cette équitation appelée académique, et qui fit la réputation des écuyers français du XIXe siècle. Aujourd'hui cette monte, pratiquée surtout avec des chevaux andalous, reste la passion de quelques écuyers en Espagne, au Portugal et en France.

C'est une fois de plus la motorisation qui, en faisant perdre la prépondérance des officiers de cavalerie parmi les cavaliers pratiquant le dressage, a conduit celui-ci à évoluer encore. Le terme même désigne désormais la préparation et la participation à des épreuves où cavalier et monture sont jugés sur un ensemble de mouvements qu'ils exécutent durant un temps donné en un lieu appelé carrière. La note étant attribuée par un jury évaluant selon ses propres critères la rectitude des figures, il est bien évident que modes et influences d'écoles ont entraîné ce dressage assez loin des caractéristiques « académiques » autrefois définies. Voilà donc un autre « dressage » réglementé ; mais nous pourrions également citer les dressages spécifiques de certains chevaux, qui donnent eux aussi lieu à des compétitions : c'est le cas pour l'équitation dite américaine, formant les montures de travail des cow-boys, ou pour l'équitation de randonnée, qui a désormais également ses épreuves de « cheval d'extérieur ». Cela pour démontrer, s'il en était encore besoin, que tout apprentissage du cheval, de quelque type qu'il soit, peut donner des résultats de haut niveau... et beaucoup de plaisir !

Le dressage classique, avec ses concours et ses figures imposées, séduit par sa rigueur et la discrétion qui préside aux échanges cavalier-cheval. C'est en partie pour cela qu'il semble plus apte à tenter une personne

Le pur-sang anglais n'est pas toujours aussi « fou » que le veut la tradition. Et si le calme vient s'ajouter à son équilibre et à ses allures naturelles, il devient alors le modèle même du cheval séduisant, sur le sable d'une plage comme sur celui d'une carrière.

mûre, même si de nombreux juniors se lancent dans cette discipline. Quant au cheval idéal, il se définit plus par ses allures et sa morphologie que par sa race ; pourtant, même si les montures germaniques imposent leur carrure actuellement, le cheval type ressemble plutôt au modèle fort mais délié d'un grand pur-sang anglais.

Le pur-sang anglais

Si le pur-sang anglais est né de plusieurs croisements successifs entre des juments d'outre-Manche et des étalons orientaux, arabes ou barbes, puis d'une sélection rigoureuse des produits, il est élevé dans presque tous les pays du monde. Il reste avant tout le modèle du cheval de course ; pourtant de nombreuses lignées ont produit d'excellents chevaux de dressage, et même d'obstacles. D'une taille voisine de 1,70 mètre au garrot, c'est un grand cheval longiligne à l'encolure et aux membres fins. Son caractère instable est souvent attribué aux influences des croisements consanguins de ses ancêtres ; c'est d'ailleurs lui, plus que son physique, qui explique sa relative désaffection sur les terrains de concours, au profit de placides et robustes montures, dont les lignées ont souvent été améliorées par un reproducteur pur-sang anglais ! La qualité ne trompe pas.

La plupart des cavaliers qui abordent le dressage souhaitent d'abord se faire plaisir à cheval, avoir des chevaux agréables à monter, en un mot... bien dressés. Ils sont peu nombreux à pratiquer cette discipline en compétition – 14 000 en 1987 pour 1 628 épreuves – et encore moins à pouvoir dresser un cheval, dès le débourrage.

Pourtant, presque tous les cavaliers ayant atteint un certain niveau et une maturité en équitation souhaitent acheter un jeune cheval, le dresser à la longe, puis à la selle ! L'idéal étant de posséder deux chevaux : un cheval dressé sur lequel on apprend les mouvements, et un jeune cheval sur lequel on reproduit les mouvements appris. Comment rechercher une sensation que l'on ne connaît pas ! Il faut avoir un minimum de métier pour dresser un cheval, avec l'aide d'un observateur compétent à pied, un « miroir » qui peut juger du bon ou du mauvais travail effectué.

Il existe peu de centres spécialisés dans la discipline du dressage. Néanmoins, un certain nombre de clubs ont pris cette orientation et se chargent d'emmener des jeunes en concours. Cette initiative dépasse rarement le stade de l'initiation, par manque d'enseignants qualifiés – davantage tournés vers le saut d'obstacles – et de chevaux bien dressés. Si l'on souhaite se perfectionner, il est préférable d'aller trouver des professionnels qui possèdent une écurie de chevaux, où les cavaliers propriétaires pratiquent exclusivement le dressage.

Quelques dirigeants de clubs « classiques » comblent ce manque de possibilités en conviant un professionnel du dressage pour une journée de stage dans leur centre équestre. C'est un avant-goût pour les cavaliers, d'autant plus que certains professionnels assurent ensuite le suivi en compétition.

Le dressage impose au cheval que l'on sort en concours une gymnastique régulière, un travail assidu et quotidien. Il est important pour le cavalier de voir un « technicien », environ deux fois par mois, afin de faire le point et s'assurer qu'il ne travaille pas de travers. En dressage, on peut vite piétiner et se décourager si l'on débute mal et seul. La culture équestre est utile mais pas suffisante !

Le dressage étant la base de beaucoup d'autres disciplines, on gagnera toujours à remettre en cause son travail, afin de progresser sans faire d'erreurs. Un bon dresseur analyse avec rigueur et logique le mouvement que l'on ne voit pas forcément en étant sur le dos de son cheval, puis le corrige.

On veillera à ne pas user les chevaux moralement et physiquement. Un travail structuré et varié est la seule assurance de progrès réels.

Le choix du cheval peut déterminer le type de dressage que l'on souhaite pratiquer. Le cheval andalou par exemple, cheval de haute école par excellence, est merveilleux à monter à cause de ses allures très « enlevées », mais pour les mêmes raisons, on ne le voit jamais en compétition.

Le matériel utilisé en dressage ne diffère pas beaucoup de celui utilisé pour les disciplines classiques, sinon qu'une bonne selle de reprise est légère et confortable. Il est impératif d'y être bien assis. Les enrênements peuvent être d'une grande efficacité s'ils sont utilisés par une personne expérimentée. Dans le cas contraire, ils peuvent détruire le travail effectué. Les rênes allemandes, par exemple, sont recommandées dans certains cas, si le cavalier sait les doser, sans placer le cheval dans une attitude « en dedans » dont il est très difficile de sortir par la suite. L'usage de la bride est obligatoire dans certaines reprises internationales (Saint-Georges). De même, dans le travail à la longe, le chambon permet de faire descendre l'encolure et de placer le cheval dans une attitude basse. Un inconvénient : le cheval se met sur les épaules.

En aucun cas, un enrênement ne permet de combler les lacunes techniques d'un cavalier...

Une leçon de haut niveau chez un professionnel, sur des chevaux bien dressés, coûte environ 250 francs. De même qu'une heure de dressage enseignée par un professionnel qui se déplace dans un club.

Le mot français « dressage » recouvre tant de sens différents que souvent les jeunes cavaliers s'y perdent... et ne voient pas qu'en faisant venir un cheval du fond de son pré, grâce à une carotte, ils font du dressage sans le savoir ! Lucien Gruss, lorsqu'il présente ses superbes chevaux en liberté, ne fait exécuter à chacun que les gestes pour lesquels l'animal lui-même a montré un penchant : celui-ci se dresse sur les postérieurs, cet autre s'agenouille, un troisième sera le facétieux qui retirera son tapis de selle avec ses dents avant que son professeur n'ait le temps de le seller !

Confier son cheval au propriétaire d'une écurie de dressage coûte entre 1 000 francs et 1 500 francs par mois si l'on souhaite qu'il soit monté et travaillé.

LES DÉBOUCHÉS

Les enseignants en dressage sont en général motivés car passionnés par leur spécialité, mais ils sont en nombre insuffisant, voire totalement absents dans les centres équestres. Le dressage est encore considéré par les dirigeants des clubs comme une discipline de spécialistes. Quant aux écoles professionnelles, elles ne font guère de publicité. L'organisation des stages dans différentes régions de France est une formule intéressante pour faire connaître la discipline.

Le cavalier qui veut faire du dressage son métier, peut en vivre s'il enseigne. S'il ne fait que de la compétition, il ne peut s'en sortir sans subventions. Trop de cavaliers pensent qu'ils ne peuvent être entraîneurs sans faire de compétition, sous peine de ne pas être crédibles. Seuls les vrais amateurs qui travaillent ou ont des revenus pratiquent la compétition pour leur plaisir.

LA COMPÉTITION

Avec quatorze mille engagements en 1987, le dressage est en troisième position au classement des disciplines équestres en France, après le saut d'obstacles et le concours complet. La Lorraine, le Nord, la Normandie, Versailles, Fontainebleau sont les ligues où l'on recense le plus de concours de dressage.

Une reprise de dressage est constituée de différents mouvements et de figures à exécuter sur un rectangle plat, jalonné de lettres servant de points de repères. Un jury note chaque figure de 0 à 10 points, et attribue des notes d'ensemble pour les allures du cheval, son impulsion, sa soumission, l'attitude et l'assiette du cavalier. Ainsi, une reprise peut être notée sur 200, 300 ou 420 points au total. Selon leur niveau, les reprises comportent de quatorze à trente figures.

• *Les différents types de reprises*

– *Les reprises A*, au nombre de huit, préparent à la haute compétition. Elles permettent la mise en valeur du très bon cheval de dressage, performant à terme dans les concours internationaux, les championnats et les jeux Olympiques. Dans cette filière, les jurys prennent en compte les qualités intrinsèques du cheval, la qualité et la justesse de son travail de base. Les notes d'appréciation du cavalier disparaissent.

– *Les reprises B*, au nombre de six, concernent davantage les cavaliers intéressés par la compétition de dressage, mais pas forcément désireux de la tenter au plus haut niveau. Ces reprises sont réduites en longueur et simplifiées dans les mouvements proposés par rapport à la filière A. Les notes d'ensemble font une large part au cavalier: mise en valeur de l'assiette, attitude générale, correction des mouvements et opportunité dans l'emploi des aides.

– *Les reprises 5*, au nombre de trois, initient à la compétition le cavalier débutant en dressage. La position et la correction dans l'emploi des aides y seront

davantage jugées que les qualités intrinsèques du cheval.
– *Les reprises libres en musique*, au nombre de trois (une de niveau régional et deux de niveau national), développent l'aspect artistique et spectaculaire des présentations de dressage. Elles sont exécutées sur un thème musical de cinq minutes environ, durant lequel le cavalier présente une série de mouvements imposés, dans l'ordre et sur le tracé qu'il souhaite.
– *Les épreuves jeunes chevaux*, au nombre de quatre, permettent aux jeunes chevaux de 4 et 5 ans, n'ayant jamais participé à d'autres reprises, de présenter des mouvements simples démontrant leur aptitude au dressage. C'est une mise en valeur des chevaux bien conformés, aux belles allures, équilibrés. Le tracé permet un enchaînement aisé des différentes figures. Le nombre de reprises jeunes chevaux est limité à huit pour les 4 ans, et à dix pour les 5 ans.
– *Les épreuves juniors* (12 à 18 ans) *et jeunes cavaliers* (16 à 21 ans) peuvent être ouvertes à tous les chevaux sans conditions de gains.

Les concours de dressage de niveau départemental et régional sont organisés par un comité organisateur sur avis favorable du président de ligue en liaison avec le directeur des Haras de la circonscription.

Dressage, cela veut dire également éducation du jeune cheval ; à la longe tout d'abord (où il doit acquérir souplesse et muscles à toutes allures ainsi que le respect de la voix), puis monté. Et si ses aptitudes sont celles d'une monture « de dressage », il se retrouvera sur un rectangle de sable à effectuer avec précision des mouvements d'une grande élégance.

Le fameux Cadre noir de Saumur présente sa reprise des « sauteurs » : ces chevaux tenus en main vont effectuer des « airs enlevés » hérités de l'équitation académique pratiquée au XVIIIe siècle.

À droite, une « courbette » en main : le cavalier demande à son cheval de se dresser en appui sur les postérieurs et de garder son équilibre. Les autres mouvements ont nom « levade », « croupade »…

Les concours de niveau national (national 1 et national 2) sont sous la juridiction de la Délégation nationale aux sports équestres. Le calendrier des reprises est publié au *Bulletin officiel du cheval de sport*.

Un terrain de dressage est de préférence sableux et plat, de 40 m × 20 m ou de 60 m × 20 m selon les cas, parfaitement clos, muni sur les côtés de lettres jalonnant la piste. Un manège de mêmes dimensions permet le déroulement des épreuves pendant l'hiver. Du 31 mars au 31 octobre, les épreuves se déroulent obligatoirement à l'extérieur. Un terrain de détente de même taille est réservé aux concurrents ainsi qu'un paddock pour les chevaux. Un commissaire de piste a la charge de la préparation des terrains de présentation et de détente, du logement des chevaux, du respect du déroulement des épreuves et de l'application du règlement.

Pour exécuter une reprise, le cheval doit être muni d'une selle anglaise, d'un mors de filet simple avec muserolle, ou d'un filet et d'un mors de bride simple, ou d'un mors à pompe avec gourmette, selon les conditions particulières de chaque reprise. Martingales et autre enrênement, guêtres ou protections sont interdits. La tenue du cavalier de concours se compose d'une veste sombre, d'une culotte de cheval, de bottes noires, de gants, d'une chemise et d'une cravate blanche ou d'une tenue d'uniforme. Pour les concours nationaux, l'habit peut remplacer la veste noire, le melon ou le haut-de-forme, la bombe. Le port de la cravache est interdit... sauf pour les amazones.

Pour participer à une épreuve de dressage, il faut être titulaire de la licence de compétition, qui comporte quatre catégories. On peut obtenir la catégorie de son choix en fonction des divers niveaux d'épreuves auxquelles on désire participer (départementales, régionales, nationales 1, nationales 2). La qualification des chevaux se fait en fonction de l'âge et des gains de ceux-ci ainsi que de la catégorisation des cavaliers.

L'engagement d'un cheval – inscription dans une épreuve déterminée – implique un droit d'entrée qui ne peut être inférieur à 50 francs, et dont le montant est inférieur à 2 % de la dotation de l'épreuve si celle-ci est égale ou supérieure à 2 500 francs, sauf pour les épreuves de la filière B et de la cinquième série où il est libre. Pour les jeunes chevaux, le droit d'entrée des « 4 ans » est fixé à 45 francs et celui des « 5 ans » à 50 francs. Les droits d'entrée sont répartis ainsi : 40 % à la DNSE, le reste au comité organisateur pour la filière A et les reprises libres en musique, 100 % au comité organisateur pour les reprises B et 5.

Pour chaque épreuve dotée de prix, il est prévu huit prix, distribués aux chevaux obtenant une moyenne égale ou supérieure à 5,75. Le premier au classement général obtient 25 % de la dotation, le huitième, 5 %. Les chevaux ayant obtenu une moyenne égale ou supérieure à 6,20 bénéficient de primes en plus des prix prévus, prises en charge à 100 % par le ministère de l'Agriculture. Sinon, seule la filière A, ainsi que les reprises libres en musique bénéficient de dotations minimales subventionnées à 80 %. Les jeunes chevaux n'ont pas de primes subventionnées.

Les grandes reprises internationales sont appelées Saint-Georges, Intermédiaire I, Intermédiaire II, Grand prix, Grand prix spécial, Kür, Préliminaires. Pour les jeunes cavaliers : Consolation, Individuelle, Équipe.

L'ATTELAGE

INTERVIEW

Franck Deplanche

HISTOIRE

Le postier breton

DOSSIER

Généralités • *Le cheval* • *Le véhicule* • *Le harnais* • *L'équipement* • *L'assurance* • *Les tarifs* • *Les examens* • *La compétition* • *Le « trait-tract »*

INTERVIEW

Franck Deplanche
Dixième au championnat du monde de Hongrie de 1978, champion de France d'attelage à quatre chevaux en 1985.

« Pratiquer l'attelage, c'est d'abord sentir et retrouver l'équilibre naturel et harmonieux que possède le cheval en liberté. Travail précis et très rigoureux ! On ne canalise pas le cheval entre ses jambes, il faut donc bien le connaître et maîtriser la moindre de ses actions.

» L'attelage, c'est aussi pouvoir faire partager à d'autres le plaisir d'atteler, se déplacer lentement sans difficultés physiques, regarder défiler le paysage...

» L'attelage à quatre chevaux, que j'ai pratiqué en compétition, m'a procuré des moments extraordinaires, où je me suis senti en parfaite symbiose avec mes chevaux. Même perturbés par l'ambiance électrique d'un concours, ne connaissant ni le lieu ni les difficultés de l'épreuve, ils m'ont toujours fait une confiance aveugle. Je le leur rends bien. Je trouve merveilleux d'avoir une équipe de chevaux homogènes, soudés par leur habitude d'être ensemble et leur tempérament semblable. De même, l'équipe humaine qui m'entoure en compétition m'est indispensable. Nous partageons beaucoup de moments fantastiques ensemble. Mais la compétition est un engrenage. Si l'on veut avoir des résultats, il faut sans cesse travailler la technique, comprendre la psychologie de ses chevaux et mener en toute sécurité. On n'a pas droit à l'erreur avec quatre chevaux !

» Étant passionné de dressage, l'attelage est la discipline qui m'a permis d'aller le plus loin dans l'étude de la locomotion et de l'entraînement d'un cheval.

» Je voudrais que les gens oublient cette notion de sport privilégié, même si l'image des concours renforce parfois leur opinion. Tout le monde peut aborder l'attelage ! »

L'attelage est une discipline enivrante car la difficulté de maîtriser plusieurs chevaux de la voix et de la main est largement compensée par la puissance et la précision du mouvement ainsi réalisé.

62

HISTOIRE

La domestication par l'homme de certains animaux (bœufs, chevaux, moutons...) ne semble pas dater de plus de 6 000 ans avant Jésus-Christ. Quant à la roue, la plupart des scientifiques sont d'accord pour situer son invention aux alentours de 4 000 ans avant Jésus-Christ, près du Bassin méditerranéen. Toutefois l'utilisation de la force du cheval a très certainement été pratiquée avant cette dernière date, soit en le bâtant, soit en lui faisant tirer un travois, comme le pratiquaient avec leurs chiens les « Indiens » d'Amérique avant la réintroduction des équidés sur ce continent par les Espagnols.

L'attelage lui-même, constitué d'un véhicule et des harnais lui permettant d'être tracté par un animal, n'apparaît avec certitude que vers 1500 avant J.-C., en Égypte. Grâce à un joug d'encolure, deux chevaux pouvaient tirer une plate-forme légère portant deux hommes ; la charge n'était pas très lourde, mais ce char destiné à la chasse ou à la guerre était rapide et maniable. C'est sans doute ce type d'attelage qui est symbolisé sur les gravures rupestres retrouvées dans le Tassili. Ce sont aussi les mêmes principes qui seront appliqués par les fameuses armées assyriennes puis perses. Il faut attendre le VIe siècle avant notre ère pour trouver chez les Grecs un nouveau type de harnachement, permettant aux chevaux de ne plus porter le poids de l'attelage sur l'encolure, mais de tirer celui-ci par le poitrail, avec un net gain d'efficacité.

Ce n'est qu'avec l'invention de l'essieu avant mobile, vers la fin du IVe siècle, que les chariots sont enfin en équilibre sur leurs quatre roues, et que le cheval peut consacrer toute sa force à la traction du véhicule. Les diligences d'Europe et les « wagons » de la conquête de l'Ouest sont les héritiers directs de ces chariots. Toute la « motorisation » restera sur ces principes durant 1 500 ans, jusqu'à ce que les chevaux-vapeurs remplacent les vrais équidés sur les routes et dans les champs.

Toutefois atteler reste un art, et de nombreux adeptes « mènent » par passion ou goût du sport. Et les très nombreuses races de chevaux qui avaient été sélectionnées pour le trait utilitaire ont ainsi trouvé un petit débouché dans le sport et le loisir ! Bien sûr, leur nombre a très fortement diminué, mais grâce, en France, à l'administration des Haras nationaux, elles ont presque toutes été conservées – ainsi que les techniques d'attelage. Aussi un magnifique cheval de trait léger comme le Postier breton, qui a bien failli disparaître, compte-t-il à nouveau plusieurs reproducteurs en service dans différentes régions.

LE POSTIER BRETON

Le postier breton tient son nom de son affectation la plus fréquente aux siècles derniers : le service de la poste, c'est-à-dire des liaisons régulières sur les grands axes sillonnant la France. Emploi difficile qui exigeait rapidité mais aussi régularité, et ceci par tous les temps.

Ce cheval a donc été sélectionné pour sa force et sa robustesse, son endurance et sa franchise. Il est encore aujourd'hui robuste et rustique, tout en restant élégant, avec des allures déliées et vives. Il a une encolure forte et un poitrail large, une belle épaule, un dos court et une croupe musclée, des membres solides. Il est rouan ou alezan, parfois aubère ou gris. De bon caractère, il nécessite quand même un meneur confirmé, surtout pour un attelage à quatre comme les gardes des Haras nous en présentent souvent.

Le cheval de trait est représenté en France par quelques-unes des plus belles races mondiales. Moins renommé que le boulonnais ou le percheron, le postier breton a hérité de ses ancêtres attelés aux diligences un courage et une gentillesse qui en font le plus docile des compagnons d'attelage.

Si l'attelage de compétition est une discipline assez onéreuse, sa pratique en promenade est moins sophistiquée, beaucoup plus abordable et tellement agréable !

La nouvelle Commission fédérale d'attelage, rattachée à la Fédération française d'équitation depuis le début de l'année 1987, rassemble des enseignants, des meneurs de loisir, des meneurs de compétition, des responsables de centres équestres, provenant de dix régions différentes. Elle compte vingt et une associations régionales ou commissions de ligue.

L'attelage permet une pratique en groupe : un seul cheval suffit à promener une famille ou plusieurs amis. Par ce biais, les personnes qui n'ont aucune formation classique peuvent aborder le cheval dans sa plus grande dimension. Ce qui n'exclut pas que le cheval attelé soit monté de temps à autre.

Outre mille deux cents licenciés, certains avancent le chiffre de cinq mille pratiquants de 10 à 80 ans ! Parmi eux, on distingue tous les horizons sociaux : grands bourgeois, agriculteurs, commerçants, cadres moyens, retraités ou adolescents. Ces derniers sont plutôt attirés vers la compétition, tandis que les plus âgés se contentent de balades en plein air. L'attelage permet à ceux-là, qui avec l'âge ont des difficultés pour monter à cheval, de continuer leur loisir en étant très proche de leur compagnon favori. L'image d'un sport confidentiel nécessitant des moyens financiers importants tend à s'effacer depuis quelques années.

Pour ceux qui souhaitent se former ou se perfectionner à l'attelage, il existe une quinzaine d'écoles en France. Ils peuvent également trouver conseil chez des loueurs d'attelages et de chevaux, qui sont souvent eux-mêmes des professionnels.

Pour les amoureux de la nature, il faut savoir que la plupart des forêts sont fermées et qu'il n'est pas facile d'obtenir une clé malgré l'obtention d'un permis de circuler sur des circuits donnés. Mais cela dépend des régions. En plaine, il est plus aisé de rouler entre les champs sur des chemins en général bien entretenus. Les routes goudronnées ne possèdent plus de panneaux interdisant la circulation d'un attelage. Mieux vaut tout de même éviter les autoroutes... Seule la traversée de Paris demande une autorisation spéciale.

En une quinzaine de leçons, on peut obtenir des notions convenables pour utiliser un attelage, à condition de travailler avec un cheval déjà correctement dressé. De là à devenir un meneur de qualité, il faudra attendre quelques années.

La mise à l'attelage d'un cheval se fait en un mois environ (préparation aux longues rênes, port du harnais...). Mais on peut déjà commencer à l'atteler au bout de quinze jours. Tout dépend de sa race. Un poney au tempérament calme, mis en liberté régulièrement ne pose aucun problème. En revanche, un cheval près du sang impose un travail préparatoire plus important et progressif.

Après l'avoir habitué à l'attelage, le meneur ira confirmer le calme de son cheval dans toutes les situations, sur route, en forêt, etc.

L'attelage en tant que discipline officielle n'a retrouvé son essor que depuis une quinzaine d'années. Aussi on observe parmi les meneurs une grande proportion d'autodidactes, parmi lesquels certains ont atteint un haut niveau. Mais en attelage tout particulièrement, il est dangereux de s'être limité à un apprentissage livresque. On peut y acquérir la technique, mais pas la notion de psychologie, ni celle du « sentiment » si propre à certains meneurs. Il est indispensable que les individuels qui souhaitent atteler leur poney ou leur cheval se renseignent auprès de gens compétents... même pour aller se promener ! L'attelage est une discipline qui exige beaucoup de précision, du fait de la distance et du contact indirect existant entre le meneur et son cheval.

Technique, psychologie, « sentiment » sont les qualités essentielles du conducteur, qui doit être capable d'obtenir en toute circonstance une obéissance absolue du cheval. Celui-ci a parfois, tout comme les humains, des états d'âme ! Loin du cheval, on ne sent pas forcément ses réactions au moment juste, et on peut commettre de graves erreurs. Sans doute l'attelage est-il plus dangereux que l'équitation, si on ne le pratique pas avec méthode, si l'on ne sait pas atteler correctement, si l'on n'a pas choisi une voiture ou un harnais en bon

état – en fonction du cheval ou du poney –, si l'on ne sait pas donner des ordres avec précision... Le danger est d'autant plus important si l'on transporte des personnes, si l'on croise ou si l'on double d'autres véhicules.

L'éducation du cheval passe obligatoirement par celle du meneur. L'attelage n'est pas dangereux si les relations entre les deux partenaires sont claires et bien définies, et si l'on est très exigeant en matière de sécurité.

Trois éléments relient le conducteur au cheval : la voix, l'action de la main et le fouet.

La voix est l'élément de base essentiel, réduisant considérablement l'action des deux autres éléments, si elle est bien employée. Elle permet d'éviter les erreurs et d'empêcher des catastrophes... On apprend au cheval à répondre à la voix d'abord à la longe ou aux longues rênes, avant de le mettre à la voiture. Les principaux termes employés sont utilisés pour lui apprendre à s'arrêter, à tourner, mais aussi pour le rassurer ou le réprimander. En compétition, la voix ne suffit pas. Pour tourner, le cheval aura tendance à se jeter sur la droite ou sur la gauche dès qu'il entendra le signal. Or, pour contourner un obstacle très raide, seule une action de main précise le fera tourner doucement toute en continuant à avancer. Le fouet sert uniquement à remettre le cheval dans le mouvement en avant. D'une longueur précise, il ne doit intervenir que légèrement sur l'épaule du cheval.

LE CHEVAL

Quels que soient les critères de choix, il est important d'avoir une idée précise de ce que l'on veut faire en attelage, avant de chercher un cheval. Compétition ? Loisir ? Grande randonnée ? Traction lourde ? Attelage à un, en tandem, ou plus ? Toutes ces questions impliquent des choix différents.

Malgré sa petite taille, le poney a des réactions plus rapides que le cheval, imprévisibles et parfois empreintes de fantaisie. Il doit faire l'objet des mêmes précautions que le cheval dans son choix et son éducation. Il ne faut pas hésiter à examiner un cheval au box, à l'arrêt, en mouvement, et dans des situations difficiles (sur route, au milieu du bruit...) avant tout achat.

En attelage à un, le cheval doit posséder assez de force pour tirer une voiture et promener plusieurs passagers, ainsi que de bonnes allures. En tandem, l'attelage est délicat à mener et demande beaucoup de finesse. À deux ou à quatre, les chevaux se tiennent entre eux, et mis à part les problèmes techniques spécifiques, ils sont plus faciles à mener qu'en tandem !

LE VÉHICULE

Une voiture à deux roues est en équilibre par rapport au cheval, près de lui, et donc plus facile à « sentir ». Mais elle est limitée question place et le siège du meneur n'est pas réglable. Attention à ce qu'elle soit adaptée à la taille du cheval ! La voiture ne doit ni passer sur son dos ni être suspendue en l'air. Sans compter que la position peut être inconfortable pour le meneur...

Il existe des voitures légères, de petite taille, type américaine, des voitures mixtes de moyen format et des voitures pour attelage à paire unique ou multiple : « mail-coach » (berline anglaise), diligence...

LE HARNAIS

La sécurité passe par l'investissement dans un bon harnais. En toile, il se détruit vite et n'a aucune valeur si l'utilisateur attelle régulièrement. De même, un harnais ancien, à valeur esthétique et historique, n'est pas sûr, du fait de ses coutures fatiguées et de son cuir fragilisé par le temps. Là encore, on distingue plusieurs sortes d'utilisations : le harnais de loisir, pour la petite randonnée, en cuir ou en nylon ; le harnais de travail en cuir rustique ; le harnais de présentation haut de gamme ; le harnais de terrain subissant de grosses tractions quotidiennes. Enfin, le choix d'un harnais dépend de l'âge, de la taille, de la race, du poids approximatif du cheval, de la longueur en ligne droite du poitrail à la croupe et de celle du tour de taille au passage de sangle...

L'ÉQUIPEMENT

Hormis l'équipement obligatoire en compétition, le conducteur mène son attelage avec des gants, porte une coiffure (casquette) et un tablier. Il n'est pas question de style, mais d'éviter de se salir. Le tablier protège du froid, du vent, des guides, mais également des nombreuses projections de boue ou d'eau.

L'ASSURANCE

En plus de la licence fédérale, comportant une assurance de responsabilité civile, certaines écoles d'attelage

Tout le monde peut faire de l'attelage ; de nombreuses organisations touristiques louent des roulottes à ceux que la découverte de la France à un rythme naturel tente plus que les vacances marathon. Et en milieu rural, le cheval reste le meilleur outil des petites exploitations en terrain difficile : champs trop morcelés, cultures délicates, mais aussi débardage du bois et travail en montagne.

Pages suivantes. Les chevaux vont passer dans la chicane, mais la voiture suivra-t-elle ? Tout l'art en compétition est de diriger l'attelage non pas en fonction de la seule appréciation de l'obstacle par les chevaux, mais en imposant à ceux-ci l'inertie du véhicule !

proposent une assurance supplémentaire « tout risque ». Mais cela ne dispense pas de toujours essayer d'avoir de bonnes relations avec les conducteurs de véhicules automobiles, qui ont perdu la notion de « voiture attelée ».

LES TARIFS

Pour apprendre à atteler dans une école : en attelage à un, un forfait de dix leçons coûte environ 1 000 francs à un particulier. En attelage à deux, dix leçons coûtent environ 1 300 francs, en tandem, 1 600 francs.

Des formules de stage sur deux, trois ou quatre jours sont proposées à raison de 350 francs par jour en attelage à un, 450 francs en attelage à deux, etc. De l'avis des professionnels, on progresse mieux en laissant passer un mois entre chaque stage.

Le prix d'un cheval mis à l'attelage varie entre 10 000 et 15 000 francs pour un cob, environ 15 000 francs pour un poney, entre 20 000 et 30 000 francs pour un cheval de sang.

• *La voiture*

Mieux vaut investir au départ pour être sûr de ne pas avoir une voiture qui se casse en deux. Une rustique « jardinière » coûte 3 000 francs, une voiture de promenade 5 000 francs, et une voiture de compétition entre 50 000 et 60 000 francs. Enfin, une voiture de fabrication récente revient environ à 35 000 francs.

• *Le harnais*

Entre 3 000 et 5 000 francs pour un harnais ordinaire, 10 000 francs pour un harnais de compétition.

• *Les engagements*

Les frais d'engagement en concours varient de 50 francs pour un attelage à un poney de deuxième série, à 440 francs pour un attelage à quatre chevaux de première série.

Ainsi, si un amateur investit autour de 25 000 francs dans un équipage, un professionnel qui court en compétition atteint vite le chiffre de un million de francs. Il doit disposer de deux voitures (une tout-terrain, une pour la présentation), deux jeux de harnais, cinq chevaux s'il attelle à quatre, plus un camion...

Des formules associatives sont à l'étude pour supporter cette charge financière. Partager son matériel permet en effet de se répartir les frais.

44

LES EXAMENS

Il existe quatre brevets :
– *le premier degré :* apprendre à mener à un ou deux chevaux ;
– *le deuxième degré* : permet de participer à un concours à un ou deux chevaux ;
– *le troisième degré* : apprendre à mener à quatre chevaux ;
– *le quatrième degré* : permet de participer à un concours à quatre chevaux.

Il est obligatoire d'être titulaire du deuxième degré pour passer le troisième, etc.

Les débouchés professionnels sont encore assez limités, faute de pratiquants et de gens diplômés. L'option attelage du BEES du premier degré peut aider les enseignants à orienter leurs activités...

Actuellement, une école d'attelage autonome n'est pas rentable. Elle fonctionne en général au sein d'une autre structure, poney-club ou centre équestre.

LA COMPÉTITION

La scission entre loisir et compétition n'est pas aussi flagrante dans l'attelage que dans d'autres disciplines. Tout meneur capable de se déplacer aux guides de manière satisfaisante peut finir un concours sans incident, en adaptant la vitesse à ses possibilités. Les points de pénalités ne lui ôtent pas le plaisir d'avoir fait le même tour que les champions !

À deux ou quatre chevaux, la compétition nécessite beaucoup plus de moyens, et seul le « sponsoring » peut contribuer à faire éclater cette dernière catégorie, la plus spectaculaire en concours.

Un concours d'attelage comporte trois épreuves réglementaires :

- *L'épreuve A*

– *La présentation* : les attelages sont jugés à l'arrêt dans un lieu de préférence élégant devant trois ou cinq juges. Couverture, chapeau, gants et fouet à la main sont obligatoires. On juge l'état général, l'impression d'ensemble des chevaux, de la voiture, la qualité, la propreté, la sécurité de l'attelage.
– *Le dressage* : À la suite, les concurrents s'affrontent sur une carrière de 100 m × 40 m. Le galop étant proscrit, trois sortes de trot (rassemblé, de travail, allongé) sont demandées dans différentes figures, ainsi qu'un reculé

En compétition d'attelage, la puissance et la maniabilité comptent plus que la vitesse pure ; c'est ainsi que le travail du meneur se fait surtout à la voix, le fouet ne servant qu'à soutenir, par son claquement, le rythme de l'effort.

de 3 m et une immobilité d'au moins dix secondes. Les juges observent le calme, l'impulsion, la souplesse des chevaux, la position du concurrent et sa correction dans la conduite de l'attelage.

- *L'épreuve B : le marathon*

C'est l'épreuve la plus fatigante psychologiquement et physiquement. La longueur du parcours varie en fonction du terrain, de son étendue, du relief, de la qualité du sol... Elle peut être de 42 kilomètres pour les coupes du monde, et entre 15 et 27 kilomètres pour des concours nationaux. Le parcours peut être divisé en plusieurs phases ayant chacune une vitesse moyenne propre : s'il comprend trois phases, la phase A se fait au trot, la phase B au pas, la phase C au trot avec obstacles. Les pénalités sont nombreuses en cas de changement d'allures, perte de matériel, temps passé dans les obstacles, mise pied à terre des équipiers, erreur de parcours...

- *L'épreuve C : la maniabilité*

Cette épreuve dite parcours d'obstacles a pour but de tester l'obéissance et la souplesse des chevaux ainsi que l'habileté du meneur. C'est un parcours à allure libre, couru sur un terrain informel et balisé de portes numérotées, composées de quilles en plastique surmontées de balles en caoutchouc qui ne doivent pas tomber. L'écart entre la base des quilles est celui de la voie arrière du véhicule plus trente centimètres. Le nombre d'obstacles ne peut dépasser vingt. Ils prennent différentes formes : en U ou en L, avec eau, ponts en bois, serpentines.

Il existe différents types de concours :
– *Les concours nationaux de première série*, ouverts aux meneurs âgés de 15 ans, titulaires d'une licence de compétition de troisième catégorie, du deuxième degré d'attelage s'ils mènent à un ou deux chevaux, ou du troisième degré s'ils mènent à quatre chevaux.
– *Les concours nationaux de deuxième série*, ouverts aux meneurs âgés de 12 ans, titulaires d'une licence de quatrième catégorie (la plus basse) et du deuxième degré. Les attelages à quatre ne participent pas à cette série.
– *Les concours nationaux « open »*, ouverts aux titulaires d'une licence de compétition de quatrième catégorie ainsi qu'aux titulaires d'une licence de troisième catégorie. Pour ces derniers, un handicap de trente points est ajouté aux points obtenus après l'épreuve B.
– *Les concours régionaux de troisième série*, ouverts aux titulaires d'une licence, dont le règlement est appliqué sous la responsabilité des organisateurs.

Un championnat de France (créé en 1979) regroupe aujourd'hui cinq grands concours qualificatifs d'attelage, et se déroule parallèlement avec le circuit de la coupe de France qui comprend plus de vingt concours. La finale des deux épreuves a lieu le même jour et désigne les deux champions de toutes les catégories d'attelage de chevaux et de poneys.

Pour sortir en compétition internationale en France et à l'étranger, il faut être titulaire de la licence de compétition de troisième catégorie, adresser sa candidature à la FFE et avoir été sélectionné. L'élite se compose d'une poignée de meneurs seulement.

Le championnat du monde a une catégorie ouverte tous les deux ans aux attelages à quatre chevaux et depuis 1975 aux attelages à deux chevaux avec la même fréquence, les épreuves ayant lieu en alternance.

LE « TRAIT-TRACT »

Afin d'inciter les éleveurs de chevaux lourds à garder et développer leur cheptel dans un but sportif... mais aussi lucratif, le « trait-tract » s'est développé dès 1984, après la création d'une association française du trait-tract. Les chevaux attelés courent sur une piste longue de 200 mètres comportant deux buttes à franchir à soixante mètres de distance l'une de l'autre. L'intérêt de l'épreuve consiste à savoir s'arrêter après la première butte pour permettre au cheval de reprendre son souffle, avant de repartir au sommet.

Des hippodromes en voie de construction prévoient dans leur plan des pistes de trait-tract. Pour ceux existant, une piste est aménagée non loin des tribunes, parallèlement aux pistes classiques de trot et de galop. Le ministère de l'Agriculture et les Haras nationaux subventionnent ces concours.

LES LOISIRS SPORTIFS

INTERVIEW

Monique de Rothschild

HISTOIRE

La chasse : le selle français • Le polo

DOSSIER

La chasse à courre • Le polo

LA CHASSE

Monique de Rothschild
Maître d'équipage, pratique la chasse depuis vingt-six ans et se trouve à la tête d'un élevage de 90 chiens et d'une douzaine de chevaux.

« J'ai dû parcourir plus de 100 000 kilomètres en forêt à cheval et je ne suis toujours pas lasse d'une journée de chasse à courre. Je considère comme un don du ciel le fait de pouvoir galoper deux fois par semaine de façon spectaculaire, à 90 kilomètres de la place de l'Opéra ! La chasse reste du domaine du conte de fée. Puis la réalité reprend ses droits. Tout le reste du temps, je fais tourner ma petite PME : soigner mes quatre-vingt-dix chiens, veiller sur mes chevaux, laver ma cour... On m'avait dit : « Une femme, maître d'équipage, c'est de la folie ! » Mais je tiens le coup ! C'est passionnant et... ruineux !

» La chasse est un art pour certains, un sport pour d'autres. Pour moi, elle est révélatrice d'une certaine manière d'être. Au bout de quelques heures de chasse, je connais les qualités et les défauts des cavaliers qui m'accompagnent. Ils sortent d'eux-mêmes. La chasse permet de lier un goût pour l'équitation à un goût pour l'extérieur, pour le cheval et les grands espaces. Mais nous ne sommes pas des horlogers, comme en concours hippique où les couples sont en général admirablement préparés. Nous n'avons pas la prétention d'être d'excellents cavaliers, mais des cavaliers montant des chevaux vigoureux, capables de suivre une chasse du début jusqu'à la fin, malgré les obstacles. Passer partout, bon gré, mal gré !

» L'équipage est un corps de ballet où chacun est à sa place, où seul le maître d'équipage contrôle ses chiens. Mais nous accueillons volontiers les participants qui observent et suivent de loin. Tout va très vite et il faut suivre plusieurs chasses pour comprendre comment ça se passe !

» Dans la chasse, il ne s'agit pas de réussite. Restons très modeste. C'est une bataille entre les chiens et l'animal sauvage. Je trouve toujours aussi fabuleux et pathétique de voir des animaux se défendre. Les chiens sont vainqueurs ? Formidable ! Les chiens sont vaincus ? Admirable ! C'est la loi du plus fort. Nous, les cavaliers, ne sommes rien que de bons contrôleurs, suspendus au bon vouloir des chiens, d'une conscience professionnelle fantastique !

» Mais je prête une attention particulière à mon cheval, à qui je parle tout le temps, qui me mène si bien partout où je l'entraîne, sur le plat, en descente, en côte, sur des obstacles... L'un d'eux m'a un jour sauvé la vie en sautant en plein galop au-dessus d'une voiture – malencontreusement sur mon chemin –, effectuant une banquette sur le capot !

» Les chevaux font partie du ballet. Imaginez-les en pleine situation de théâtre ! Brillance, excitation, hennissements, aboiements, son du cor... Ils se prennent totalement au jeu ! »

Un cheval et des chiens : voilà des millénaires, ils étaient déjà les compagnons favoris de ceux pour qui la chasse était l'occupation primordiale.

HISTOIRE

Le cheval a d'abord été chassé, puis domestiqué par l'homme. Et lorsque celui-ci a réussi le tour de force d'utiliser à son profit la force et la vitesse de son nouvel auxiliaire, ce fut très certainement dès le début pour l'aider à... chasser !

Car si l'homme maîtrisait ruse et outils, il ne pouvait jusque-là rivaliser en vitesse avec les grands animaux. Attelage ou monture vont désormais lui conférer la rapidité, un avantage particulièrement important dans la poursuite du gibier – avant d'être un atout décisif sur les champs de bataille.

Pourtant, même dans les civilisations où la chasse n'est plus l'unique moyen de subsistance, elle reste très pratiquée. Ce n'est pas seulement en remplacement de la guerre, ou en entraînement pour celle-ci, que les Égyptiens organisent de grandes battues avec leurs chars légers, que les cavaliers chinois traquent les fauves à la lance ou que les seigneurs du Moyen Âge battent la campagne avec leurs écuyers. La quête de la proie est devenue rapidement prétexte à des chevauchées enivrantes, où la vitesse et le sentiment de faire corps avec sa monture à travers tous les obstacles font revivre le mythe du centaure.

Bien sûr, chaque époque a son style, mais le rapprochement est facile, même entre le cavalier arabe dans le désert, monté sur son étalon, faucon au poing, entouré de ses lévriers, et le rassemblement de ladies en amazone et de gentlemen en habits de chasse, au milieu de la meute des chiens courants, s'apprêtant à courir sus au renard dans la campagne anglaise.

Le cheval n'est plus un moyen, mais une cause, le principe qui donne à l'homme la possibilité de reprendre sa place au sein de la nature.

Cette union du cavalier et de sa monture face aux aléas d'une course improvisée en tout terrain, ne peut procéder du hasard. Elle exige de l'homme une bonne connaissance de l'équitation, et du cheval, franchise, endurance, robustesse. Cela conduisit les Anglo-saxons à sélectionner des produits d'élevages différents, croisés entre eux pour obtenir une race de chevaux de chasse, les hunters. Ils se sont révélés si bons qu'ils constituent la base même des chevaux de sport outre-Manche. En France, bien que ce ne soit pas dans un but identique, la fusion de races autochtones comme l'anglo-normand, le vendéen, le limousin, avec quelques croisements de pur-sang anglais, a permis d'obtenir une race ayant les mêmes caractéristiques, le selle français.

Le selle français

De ses origines régionales, le selle français a hérité d'une grande taille (parfois jusqu'à 1,80 mètre), d'une tête forte au chanfrein droit ou un peu busqué, et d'une solide ossature. Selon le pourcentage de sang anglais légué par ses parents, il peut être plus ou moins « chaud », mais il reste la monture de sport ou de loisirs type. Il est le plus souvent bai ou alezan, parfois gris. Rappelons seulement que les équipes de France, la championne du monde de saut d'obstacles en 1982 et celle qui gagna la médaille de bronze aux jeux Olympiques de Séoul, étaient toutes deux composées en majorité de cavaliers montant des « selle français ».

Robuste, ayant bon pied et allures confortables, le selle français est la monture idéale du tout-terrain : gués, sous-bois, grandes allées... à parcourir au pas, au trot ou au galop.

Près de deux cent quatre-vingts équipages chassent à cheval en France. Ils sont presque tous constitués en associations sportives à but non lucratif, ils ont le statut de club hippique et sont affiliés à la Fédération française d'équitation, par l'intermédiaire de l'Association française des équipages de vénerie.

Les équipages constituent les cellules de base de la vénerie. Ils sont ouverts à tous et placés sous la direction technique d'un ou plusieurs maîtres d'équipage, qui se font assister de suppléants amateurs. L'existence d'un équipage repose sur une équipe d'hommes, une meute de chiens, des chevaux de selle et un territoire peuplé d'animaux sauvages.

Un bon cavalier d'extérieur, sportif, individuel ou membre de club hippique peut profiter de cette possibilité d'équitation d'extérieur en dehors des périodes de concours – l'hiver –, et facilement. Il suffit d'en faire la demande auprès d'un équipage. Il est préférable d'avoir l'instinct et la « science » du chien, du cheval, du terrain et de... l'orientation.

Actuellement, les équipages accueillent beaucoup de jeunes. L'image d'un corps vieillissant et inadapté est révolu. En dehors des 6 000 membres regroupés au sein de la Société de vénerie, on dénombre environ 10 000 pratiquants de la vénerie.

Les équipages les plus nombreux pratiquent la chasse à courre au lièvre, puis au renard, au chevreuil, au cerf et au sanglier.

La chasse à courre est ouverte sur 800 000 hectares de territoire français : 300 000 hectares de forêts domaniales gérés par l'Office national des forêts, 250 000 hectares de forêts et de bois privés, et 250 000 hectares de plaines, landes et friches.

Les régions les plus favorisées sont : le Poitou-Charente, le Centre et les Côtes-du-Nord pour la chasse au lièvre ; l'Aquitaine pour le chevreuil ; la Normandie et la Picardie pour le cerf ; l'Allier et l'Indre pour le sanglier.

La pratique de la chasse à courre permet de sortir deux fois par semaine en extérieur, même l'hiver. La période d'ouverture, fixée sur le plan national, s'étale sur six mois, durée indispensable au maintien des meutes. On recense 9 000 à 10 000 journées de chasse à courre par an !

La chasse à courre est une discipline rigoureuse qui se pratique dans le respect des traditions. Ainsi, le prélèvement des animaux sauvages est limité : un seul par chasse.

Deux éléments essentiels : le cheval, équilibré, endurant, concentré, capable de supporter le bruit et l'excitation (3 800 chevaux sont la propriété des veneurs, des clubs hippiques, des loueurs d'équidés)... et le chien courant, chien doux et inoffensif, unique au monde pour son flair.

Le rôle du cavalier est subsidiaire. Lorsqu'on ne fait pas partie de l'équipage, on a la possibilité soit de suivre celui-ci de près, avec tous les risques sportifs que cela comporte (vitesse, passage d'obstacles, contact avec les chiens), soit de suivre un peu à l'écart, en essayant de récupérer la troupe de temps en temps. Cela permet de reposer son cheval si celui-ci n'est pas bien entraîné.

Les équipages sont détenteurs d'un droit de chasse à courre à titre onéreux, ou bien invités gracieusement, ou bien encore simplement autorisés. Les veneurs, détenteurs du permis de chasseur, sont membres de droit de la Fédération départementale des chasseurs. Beaucoup sont détenteurs de la licence fédérale FFE. Aucun équipage ne peut chasser sans être détenteur d'une attestation de meute, délivrée par la Direction départementale de l'agriculture et de la forêt dont dépend administrativement son chenil.

L'équipement essentiel du veneur reste la trompe de chasse ou « cor de chasse », qui lui permet de communiquer avec ses chiens et avec ses acolytes pour signaler les différentes circonstances de la chasse à courre. Deux mille cinq cents adeptes de la trompe sont réunis sous la bannière de la Fédération internationale des trompes de France. La tenue de vénerie reste traditionnelle et pratique. Chaque équipage peut en choisir librement les couleurs. En revanche, le bouton est le véritable signe

Le cheval de chasse doit être calme et attentif, il ne doit ni trébucher en terrain délicat ni prendre peur au premier son de trompe !

distinctif de l'équipage. L'essentiel est de rester correctement vêtu : veste foncée, bottes de vénerie, culotte blanche... et bombe.

La chasse à courre reste une distraction traditionnelle et gratuite pour des milliers de ruraux dont les loisirs d'hiver sont rares. Au niveau d'un équipage, chaque membre de l'association verse une cotisation fixée en assemblée générale pour en assurer le budget. Ceux qui souhaitent participer à une chasse pour le plaisir peuvent le faire avec leur propre cheval, ou en louer un. Certains équipages proposent des carnets de dix chasses, à 400 francs la chasse environ. Certains cavaliers demandent à rentrer dans un équipage au bout de la sixième ou septième participation. Il ne faut pas oublier que l'entretien de la forêt se paye, les chiens et l'homme de chenil également, sans compter les assurances et les chevaux.

Économiquement parlant, la chasse est pourvoyeur d'emplois : 300 spécialistes, 1 000 palefreniers chevaux, permanents ou à temps partiel, agriculteurs, fabricants de trompes, fabricants d'aliments, bottiers, tailleurs, selliers, maréchaux, vétérinaires, transporteurs...

HISTOIRE

LE POLO

Le polo est sans doute, avec le bouskashi afghan, le plus ancien jeu équestre du monde. Il semble être apparu sur les hauts plateaux du Népal, mais on trouve trace également de rencontres hippiques similaires en Perse il y a plus de 2 000 ans. La parenté de ces compétitions avec certains épisodes de parties de chasse laisse supposer l'apparition de traditions identiques chez de nombreux peuples cavaliers de l'époque. Que l'animal soit pris à la main, comme dans le bouskashi ou certains autres jeux mongols ou cosaques, ou qu'il soit symbolisé par une balle frappé d'une « arme » devenue maillet ou crosse (pato argentin), l'originalité de toutes ces traditions hippiques par rapport à la chasse réelle se trouve surtout dans la notion d'équipe adverse... comme sur un champ de bataille !

Rien d'étonnant donc à ce que le polo ait passionné l'armée d'Alexandre le Grand, qui fut peut-être celui qui l'introduisit en Inde ; rien d'étonnant non plus à ce que ce jeu ait séduit les officiers britanniques lorsque ceux-ci le découvrirent au pays des maharadjas.

C'est enfin à la rigueur toute « armée des Indes » de ces militaires que le polo doit ses règles actuelles.

En Angleterre le polo devint rapidement le sport à la mode. Joué par équipe de neuf aux Indes, où les poneys étaient lents, il nécessita de moins en moins de monde sur le terrain au fur et à mesure que l'élevage de petits pur-sang fournit des montures plus vives et plus rapides ; c'est ainsi que les premiers règlements nationaux anglais se basèrent sur quatre équipiers. Avec le succès de cette discipline aux États-Unis et en Argentine, les épreuves internationales se sont multipliées, ainsi que les races des montures. Aujourd'hui la taille d'un « poney » de polo est en moyenne de 1,51 mètre – c'est-à-dire celle d'un petit cheval et non plus d'un poney (1,49 mètre maximum), même si le nom lui est resté.

L'histoire de ce sport explique qu'il soit si répandu dans les pays anglo-saxons et les anciens « dominions » britanniques, malgré son coût élevé occasionné par le nombre de montures nécessaires, trois ou quatre par cavalier, en roulement, au cours d'un match. Pourtant l'Italie et la France ont quelques grands joueurs professionnels, et le tournoi de Deauville comme le Polo de Bagatelle sont désormais des lieux de rencontres internationalement appréciés.

Qu'il ait été inventé au Tibet, en Perse ou en Chine, le polo est l'un des plus anciens jeux du monde. Sa formule sophistiquée actuelle, codifiée par les officiers anglais de l'armée des Indes, ne peut faire oublier qu'il se pratiquait déjà il y a plus de deux mille ans.

Sport d'équipe traditionnel, le polo fait partie des disciplines olympiques de la Fédération française d'équitation depuis 1987.

Le joueur de polo n'est pas un cavalier solitaire. Il appartient à une équipe. Il peut avoir entre 20 et 40 ans, et être bon joueur s'il est un excellent cavalier. Les qualités du joueur de polo? Courage, endurance, discipline, calme, jugement, rapidité d'esprit, sang-froid. Une exceptionnelle condition physique et une bonne mise en souffle lui permettront d'atteindre un niveau acceptable. Il faut également être assez costaud pour encaisser les chocs au marquage. Peut-être est-ce une des raisons pour lesquelles, sur trois cents joueurs de polo, on ne compte pratiquement que des hommes! Un bon joueur de polo est un conducteur de formule 1.

Une équipe se compose de quatre joueurs: deux attaquants (n° 1 et n° 2), un milieu de terrain (n° 3) et un défenseur (n° 4, back).

De nombreuses composantes doivent être réunies pour former une équipe. Les meilleurs pris individuellement et mis ensemble ne constituent pas forcément une équipe homogène. Certains joueurs sont meilleurs en action de défense, d'autres plus rapides et précis avec la balle pour aller aux goals. La confiance en ses coéquipiers est une règle d'or, car en aucun cas, le joueur ne doit avoir d'actions trop personnelles. Une équipe ne peut gagner que si les joueurs s'entendent parfaitement entre eux, s'ils jouent à la place à laquelle ils sont les meilleurs et bien sûr... s'ils ont de bons chevaux.

La Fédération internationale de polo, dont le siège est à Buenos Aires, regroupe environ cinq cents clubs de polo dans le monde entier. La France en compte environ vingt-cinq, la plupart situés dans les régions du sud et en région parisienne. Tous ces clubs privés ou publics ont un terrain de polo mais le plus souvent pas d'instructeurs. Il n'existe que deux écoles en France: le Polo de Bagatelle sous l'égide d'Yvan Guillemin et l'école La Rabolière dirigée par Jacques Macaire. Un bon cavalier qui ne possède pas encore ses propres chevaux peut aller s'initier à la pratique du jeu sur des chevaux bien entraînés. Les terrains de concours proprement dit sont peu nombreux, mais chaque club organise des rencontres à son gré.

Sport de plein air, sport très fatigant, le polo se pratique à la belle saison, quatre à six mois par an: sur un terrain trop humide, les chevaux glissent et risquent de se faire mal. Le reste du temps, les montures sont au repos.

La première ambition du joueur est de posséder ses propres chevaux. Sélectionnés et débourrés en Argentine pour la plupart, les chevaux argentins sont les plus prisés, bien que le pur-sang anglais de petite taille soit de plus en plus apprécié par certains joueurs. Il faut deux ans pour dresser un bon cheval, solide dans son dos et ses jarrets, rapide et très maniable. On manque de dresseurs en France. Le cheval de polo représente pourtant 80 % du jeu...

Pour jouer, il faut:

– *un terrain de gazon* coupé très ras, d'une longueur de 275 mètres, d'une largeur de 145 mètres, avec un but à chaque extrémité;
– *un maillet de bambou,* de 1,30 mètre de longueur de manche, muni d'une tête de bois de forme cylindrique, plus ou moins flexible selon le goût du joueur;
– *une balle en bois* de 8,5 centimètres de diamètre et d'un poids de 130 grammes.

La queue des chevaux est tressée afin de ne pas gêner le mouvement du maillet.

L'équipement obligatoire pour le cavalier: un casque, des bottes, des genouillères rembourrées qui protègent des chocs dans les marquages sévères.

Pour le cheval, une selle anglaise, une bride, une martingale fixe obligatoire et bouclée à la muserolle, ainsi que des bandes de flanelle pour protéger les membres contre les balles, les éventuels coups de maillet ou les atteintes.

Une partie de polo se joue en quatre, cinq, six ou même huit périodes de sept minutes et demie chacune. Entre chaque période, le jeu est interrompu pour permettre aux joueurs d'aller changer de chevaux. Des

Bien que toute brutalité soit interdite, le polo est un jeu de « contact » et, comme tel, entraîne souvent des coups, voire des chutes. Le cheval a les membres antérieurs protégés de bandes, contre le choc de la balle ou d'un maillet maladroit; le cavalier, casqué, porte des genouillères au-dessus de ses bottes de cuir.

Afin d'éviter tout débordement durant le jeu, les arbitres de polo sont également montés et suivent attentivement le déplacement de la balle.

Le paddock-polo se joue sur un terrain plus petit, qui peut être en sable, avec moins de joueurs et des périodes plus courtes. Il est donc moins difficile à pratiquer et plus à la portée de chacun que le grand polo.

handicaps sont fixés pour chaque joueur par les organisateurs d'un tournoi, de façon à éviter la présence sur le terrain de formations aux forces inégales. Le handicap d'une équipe, de − 1 à + 10, est l'addition des handicaps des joueurs qui la composent.

Le but du règlement est avant tout d'éviter le jeu trop dangereux. Deux arbitres à cheval veillent à sa régularité. Il est par exemple interdit de zigzaguer devant un adversaire, de le bousculer sous un angle trop ouvert. Il est de même défendu d'accrocher un maillet par-dessus ou entre les jambes du cheval.

Trois montures sont nécessaires pour jouer les quatre à six périodes de sept minutes et demie chacune. Les joueurs au niveau international ont à leur disposition quatre ou cinq chevaux de polo.

Il y a une quarantaine d'années, seuls les mécènes richissimes s'offraient une partie de polo pour le plaisir dans le parc de leur château. Aujourd'hui, où les donateurs particuliers tendent à disparaître, les « sponsors » prennent peu à peu le relais pour encourager ce sport grandiose.

Un cheval de polo en provenance d'Argentine est évalué entre 15 000 francs et 50 000 francs, les meilleurs

dépassant souvent cette dernière somme. Lorsque l'on sait que deux ou trois chevaux sont nécessaires par joueur... les prix montent vite. Et puis, il faut un van pour les transporter sur le lieu de la compétition. Les clubs ne peuvent fournir toutes ces prestations pour un joueur « ordinaire » qui a pourtant déjà le goût de la compétition...

Le Polo de Bagatelle est un club privé auquel on accède en payant un droit d'entrée de 7 500 francs par an pour les adultes et de 3 000 francs pour les moins de 18 ans. Les cours de polo s'élèvent à 6 000 francs par trimestre. Ce tarif comprend deux heures de cours par semaine, chevaux et équipement fournis, plus des cours théoriques et un entraînement sur cheval de bois pour apprendre la maîtrise des coups. Des stages hors période scolaire ont lieu à La Baule.

L'école La Rabolière de Jacques Macaire est à la base un club hippique. Les leçons de polo sont de 120 francs l'heure et les stages de 500 francs par jour en pension complète.

Les prix pratiqués dans les deux écoles citées ci-dessus ne sont pas comparables, car leurs statuts sont différents.

Mais l'apprentissage en club est l'investissement de base. Par la suite, les joueurs ont besoin de leur autonomie : leurs chevaux, leur équipement, leur moyen de transport...

LES DÉBOUCHÉS

On distingue les joueurs professionnels des joueurs amateurs. Les premiers – au nombre de deux en France – ont un handicap très élevé qui leur permet de jouer à un niveau international. Ils sont payés pour jouer dans une équipe, soit par un commanditaire privé – un amateur souvent –, qui leur prête ses chevaux, leur donne un salaire, leur paie les déplacements à l'étranger... soit par un « sponsor » commercial d'une grande marque par exemple.

L'amateur au contraire joue pour lui, et paie ses propres dépenses.

Il n'existe pas de diplôme d'instructeur de polo. Ceux qui l'enseignent bénéficient seulement d'une grande expérience. L'option « polo » du BEES du premier degré permettra peut-être de mieux faire connaître cette discipline en augmentant le nombre de joueurs compétents, capables d'enseigner.

LES CONCOURS

Le premier championnat de France officiel de polo a eu lieu à Deauville en 1987.

Au niveau international, se jouent chaque année :

– le Championnat mondial de polo à Deauville en août ;
– l'Open d'Argentine à Palermo, près de Buenos Aires en novembre ;
– la World Cup à Palm Beach en Floride en avril ;
– la Gold Cup à Coudray, en Angleterre en juillet ;
– l'International à Windsor Park en juillet.

Il existe également des épreuves de polo sur neige à Saint-Moritz, en Suisse.

« INDOOR POLO » ET « PADDOCK POLO »

Les deux petits frères du polo classique sont soumis au même règlement et aux mêmes principes de jeu, avec des modifications qui ont permis d'adapter les règles classiques aux conditions de jeux particulières et plus « grand public » de ces variantes du grand polo.

– On utilise une balle en cuir, et non en bois.
– Le terrain peut avoir des dimensions inférieures. Ce peut être un pré, une carrière ou un stade, dont la taille permet au public de suivre plus facilement les matchs.
– Le nombre de joueurs est réduit à trois.

Un match comprend deux, trois, quatre ou six périodes de sept minutes et demie chacune avec trois minutes de repos entre chaque période. La vitesse est plus lente et les contacts plus importants.

LE CHEVAL CHEZ SOI

INTERVIEW

Jacques Dufhilo

HISTOIRE

Aperçu historique • *Théorie et pratique*

DOSSIER

Généralités • *L'achat* • *L'entretien* • *Le matériel*

INTERVIEW

Jacques Dufhilo
Acteur, cavalier et propriétaire de chevaux depuis de longues années.

☐ *Vous avez des chevaux chez vous depuis toujours. Le vrai cavalier commence par là ?*

L'équitation est un tout. Ça commence à la naissance d'un poulain, ça continue par son élevage jusqu'au débourrage, au dressage. À partir de là, tout dépend de ce que l'on veut faire. Pour ma part, je me suis orienté vers la haute école et l'attelage. Presque tous mes chevaux sont nés chez moi. À mon avis, le terme « cavalier » ne désigne pas une personne qui a pris une dizaine de leçons pour tenir à cheval, mais plutôt un « homme de cheval » qui sait s'occuper de ses animaux, qui sait les soigner, et qui est capable de monter un cheval de labour comme un pur-sang.

☐ *L'équitation passe donc nécessairement par la connaissance du cheval, son entretien, sa vie quotidienne ?*

Oui. Surtout lorsqu'on a des chevaux chez soi. Il faut pouvoir s'en occuper tous les jours ou bien déléguer, ce que je fais quand je joue au théâtre à Paris. Quand je rentre pour trois jours chez moi après avoir fait beaucoup de kilomètres, mon plaisir n'est pas forcément de monter, si je suis fatigué, mais de m'occuper de mes chevaux, d'en atteler un tranquillement après avoir graissé les cuirs, lustré les cuivres, vérifié les harnachements de ma voiture... Parlons du cheval en équitation, et pas seulement du savoir équestre ! Faisons de l'hippologie, du pansage, travaillons aux écuries...

☐ *Avoir ses propres chevaux à la maison devient une habitude, un besoin ?*

Même loin de mes chevaux, j'éprouve le besoin de les avoir et surtout de les retrouver. Oui, c'est un goût, mille fois oui ! Une habitude aussi, un besoin, ne serait-ce que d'un point de vue moral. Je me sens responsable de cette vie que je mène, que je fais mener à mes chevaux. C'est important et enrichissant d'avoir des chevaux. Et puis j'aime monter pour le plaisir, sinon ce n'est pas la peine !

☐ *Vous avez longtemps pratiqué la haute école ?*

Je suis monté cinq ans avec Maître Charpentier. J'aime ressentir à cheval cette impression d'équilibre, de légèreté, de facilité. J'ai un souvenir merveilleux : le tournage de *Milady,* d'après la nouvelle de Paul Morand. Je connaissais l'histoire depuis 1937 ! Et jamais je n'aurais imaginé avoir la chance de la tourner. Je m'entendais très bien avec Mirmose, ce cheval que le Cadre noir m'avait prêté pour l'occasion.

☐ *Encouragez-vous les cavaliers à avoir des chevaux chez eux, s'ils en ont la possibilité ?*

Je n'ai pas à encourager ceux qui s'en sentent le goût, ils n'en ont pas besoin. En revanche, je décourage ceux qui n'ont pas le temps de s'en occuper. C'est un esclavage, il faut le savoir ! C'est très contraignant. On n'a pas un cheval parce que ça fait bien, comme une voiture. Même si c'est un luxe, une distraction aujourd'hui et non plus un moyen d'avancer ou un outil de travail. Ce n'est plus une nécessité, par conséquent c'est une vocation ! Des chevaux chez soi, ça veut dire des prés pour les faire gambader, du terrain pour y faire pousser l'orge et l'avoine, qu'il faut labourer, herser, entretenir... Ce n'est pas donné à tout le monde !

Mais avoir un cheval chez soi c'est aussi recevoir sa confiance, créer de nouvelles affinités. J'aime aller rendre visite à mes chevaux le soir lorsqu'ils se reposent, leur donner une caresse, une gâterie, sans les ennuyer. La complicité est un privilège à savourer...

Une mère et son poulain. C'est le rêve de tout amoureux des chevaux, mais aussi le début de... l'esclavage ! Seules une grande passion et une longue expérience permettent de mener à bien cette entreprise délicate : l'élevage.

HISTOIRE

Il ne suffit pas d'aimer l'équitation lorsque l'on souhaite faire vivre un cheval chez soi. Si l'on n'aime pas d'abord l'animal, on n'est pas prêt à prendre en charge sa vie. Dans ce cas, mieux vaut s'abstenir. Mais pour un nombre grandissant de cavaliers, se borner à monter sur le dos d'un cheval le temps de quelques galops puis le rentrer dans un box où il sera soigné par d'autres, est plutôt frustrant. La complicité est à chaque fois rompue. Est-il facile aujourd'hui d'avoir un cheval « à la maison » ?

Les débuts de la domestication du cheval nous sont retransmis par l'histoire des peuples éleveurs et cavaliers. Les premières années de coexistence de l'homme avec *equus* – ancêtre de la famille des équidés – ne furent que poursuites et massacres si l'on en croit les scènes de chasse retrouvées dans les grottes de Lascaux. On attribue la domestication des premiers chevaux à des tribus primitives vivant dans les steppes de Russie ou d'Asie centrale, il y a environ 5 000 ans. Cette évolution correspond à un stade de sédentarisation chez ces peuplades, qui changèrent leur mode de vie en remplaçant leurs activités de cueillette et de chasse par l'agriculture et l'élevage. Les premiers troupeaux exigeaient toutefois des déplacements afin de renouveler les pâturages. Ce fut l'occasion « d'apprivoiser » des chevaux, pour ne combler alors qu'un besoin alimentaire. La viande permettait d'avoir à disposition des réserves importantes et renouvelables. Par la suite, on se mit à traire les juments, à fabriquer des vêtements avec le cuir et à se servir du crottin comme combustible.

Nul ne sait qui, le premier, eut l'idée d'enfourcher un cheval. Vers 3 000 ans avant notre ère, un peuple développa sans doute les premiers rudiments d'équitation, et avec eux, les premiers soins aux chevaux. Le cheval était reconnu. D'abord attelé puis sellé, il servit surtout comme moyen de transport, de communication et de conquête. Les hommes acquirent grâce à lui une extrême mobilité et dans tous les pays naquirent des peuples éleveurs de chevaux. Certains eurent une histoire particulièrement glorieuse.

Si l'Ancien Testament constitue une source historique médiocre sur le sujet – pour les Hébreux, le cheval était aussi tabou que le chien et le porc, car associés aux impérialistes étrangers : Assyriens, Égyptiens ou Persans –, le Coran en revanche exhortait le croyant à produire le plus de poulains possible, afin de mettre les chevaux au service de la lutte contre l'infidèle. L'élevage étant limité par la pauvreté du sol, il fut d'abord réservé aux riches. Puis il devint un devoir religieux pour tous. Les plus pauvres se privèrent mais n'hésitèrent pas à se ruiner pour élever le plus beau cheval. Mahomet institua un code d'élevage. Un éleveur ne doit jamais se séparer d'une jument, un cheval offert à un hôte est toujours un étalon, etc.

Les Mongols, eux, commencèrent très tôt la conquête de nouveaux territoires à dos de cheval. Nourris d'herbes et d'écorces, les petits chevaux mongols permirent la constitution d'une puissante armée. Ils ont d'ailleurs gardé toute leur importance dans la vie quotidienne contemporaine.

Quant à l'importation de chevaux par les conquistadores espagnols, elle transforma la vie du continent américain. Les Indiens connurent un nouveau mode de vie. Le cheval leur permettait de tuer le bison plus rapidement, de combattre les autres tribus et de se vêtir mieux. Attelés, les chevaux pouvaient transporter des peaux ainsi que leur habitat. Bons cavaliers mais piètres éleveurs, les Indiens volaient les chevaux aux Blancs. Ainsi, parfois échappés ou retournés à l'état sauvage, vendus d'une tribu à l'autre, les chevaux des conquistadores ne mirent que deux siècles et demi à se répandre sur tout le continent entre le Mexique et le Canada.

C'est parmi ces descendants – les mustangs – que les « vaquero » mexicains, gardiens de troupeaux sur de vastes propriétés, choisirent leurs montures afin de se déplacer en même temps que le bétail. Puis les Anglo-saxons venus de l'est, empruntèrent à ceux-là les habitudes et leur matériel. Les cow-boys étaient nés. Ils suivaient les troupeaux à cheval, empêchant les bêtes de se disperser. En 1860, le cheval redevint coursier

Équidés dessinés et perçus « en relief » sur la roche (profil de la tête du cheval de droite) : une superbe peinture rupestre de Pech-Merle.

avec la création du Pony Express, service postal avant l'arrivée du chemin de fer.

Parmi ces peuples vivant sur un même continent, la domestication fut effectuée de manière très différente : les Indiens éduquaient leurs chevaux en douceur, tandis que les cow-boys pratiquaient des débourrages violents, par manque de temps. Les conditions d'élevage se modifièrent avec le déclin de l'empire du bétail. Les chevaux servirent alors davantage pour l'agrément.

Les traditions équestres du Far West demeurent vivaces aujourd'hui, teintées de folklore. Le traditionnel rodéo, par exemple, était à l'origine une série de compétitions locales organisées pour distraire les cow-boys après une journée de travail. Mais les troupeaux de bœufs sont toujours menés aujourd'hui comme il y a une centaine d'années, par des cavaliers en chaps de cuir, en stetson et bottes western.

Au cours des siècles, le cheval fut menacé dans son utilité par la révolution industrielle. Le cheval de guerre disparut, celui des champs fut remplacé par les tracteurs, et celui des villes par les camions. Le moteur le condamnait. Heureusement, un mouvement amorcé au XIXe siècle bannit le cheval considéré comme outil de travail, ouvrant la voie à l'équitation de loisir.

Cheval-outil mué en cheval-plaisir, celui-ci a désormais une âme. Doté de personnalité, il peut devenir cheval-compagnon. Ainsi, la pratique de l'équitation du cheval de sport ou de loisir passe de plus en plus – et c'est heureux – par l'amour de l'animal lui-même. Les Anglo-Saxons ont été les premiers à faire du cheval « chez soi », un mode de vie plus qu'un luxe. En France, aujourd'hui, se multiplient les cavaliers qui souhaitent prendre leurs responsabilités et assumer entièrement leur passion : le cheval et son élevage.

Une maison, un bout de terrain, un abri, un box... et c'est la possibilité d'avoir un cheval chez soi. C'est la joie de se réveiller en entendant son hennissement le matin quand il réclame à manger, c'est le plaisir de le regarder vivre, de veiller sur lui. Ces moments intenses partagés avec un cheval suffisent à faire oublier les inquiétudes quant à sa santé, les soins qu'il nécessite, l'attention constante que l'on doit lui porter. La passion est un fil conducteur qui n'exclut pas la prise de conscience des impératifs matériels et moraux qu'entraîne la possession d'un cheval chez soi. Et cela avant même de l'avoir acquis.

Quelques notions quant au choix de sa race, quant à sa morphologie et à son comportement psychologique,

L'équitation américaine est née de la nécessité : garder d'immenses troupeaux au sein d'un pays gigantesque sans clôtures, mais aussi transporter le courrier, tirer les chariots et animer les rodéos. La conquête de l'Ouest fut la dernière vraie aventure du cheval comme compagnon d'une nouvelle civilisation.

sont indispensables à sa connaissance, toutes choses que l'on ignore lorsque l'on monte un cheval deux heures de temps à autre dans un centre hippique.

Le premier *equus* serait apparu il y a environ un million d'années. Il ne dépassait pas 1,30 mètre. Ses caractéristiques sont celles d'un mammifère herbivore, quadrupède adapté à la course de par sa morphologie. Son encolure et son crâne se sont allongés avec les changements d'habitudes alimentaires, et surtout, il possède un seul doigt à chaque membre, terminé par un sabot dur.

Les deux cent dix os de son squelette soutiennent les muscles, protègent les organes internes. Leur mobilité permet au cheval de se mouvoir à des allures diverses, de se coucher, de brouter ou d'adopter d'autres positions typiques. Le corps du cheval s'est bien sûr structuré au long de son évolution pour faire face aux exigences de l'espèce équine.

Théorie et pratique

La théorie d'une race unique, ayant pour ancêtre *equus* fut réfutée au XXe siècle par la thèse d'Ewart, qui identifiait un certain nombre d'ancêtres distincts que l'on classa par la suite en quatre types. Les deux premiers, dits à sang froid, seraient respectivement le poney celtique – les races les plus proches aujourd'hui étant l'exmoor et l'islandais – et le cheval norvégien, implanté en Eurasie septentrionale, qui devait ressembler au poney fjord et au highlandais. Le troisième et le quatrième type, dits à sang chaud, seraient respectivement un cheval ayant habité l'Asie centrale – se rapprochant de l'akhal-teké et du karabagh – et un poney d'Asie occidentale, se rapprochant du poney caspien.

Le cheval de type 2 fut sans doute le premier à avoir été domestiqué.

Les très nombreuses races d'équidés proviennent du croisement de souches distinctes, qui évoluèrent différemment en fonction des climats et de l'alimentation. De même, ces différents facteurs introduisirent des disparités au sein de la croissance : certains chevaux sont adultes très tôt (le pur-sang l'est vers 3 ans, mais le lippizzan vers 7 ans), d'autres, originaires de régions semi-désertiques sont très frugaux... C'est l'homme qui, par l'élevage et la sélection, amplifia les différences naturelles entre les races d'équidés, entre poney shetland et percheron par exemple.

On ne trouve pas moins de quinze races considérées comme « françaises ». Quels que soient les critères de votre choix, effectué après une étude approfondie de ce que vous voulez faire avec votre cheval, n'oubliez pas que le cheval domestiqué demande des soins tout particuliers dus à sa morphologie. À commencer par son dos. Ce dernier n'est pas fait à l'origine pour porter un cavalier, pas plus qu'une selle, qui mal posée peut produire des blessures de harnachement, longues à guérir. Ses pieds sont protégés par des sabots qui forment un système amortisseur absorbant les ébranlements. Un cheval qui travaille use beaucoup ses sabots, qui grandissent de 0,5 à 1 centimètre par mois. La ferrure permet de supprimer cette usure naturelle, ce qui n'empêche pas la croissance de la corne et demande un parage mensuel.

Au niveau du squelette, certaines parties revêtent une importance pratique particulière pour les propriétaires de chevaux. Des proliférations douloureuses peuvent apparaître au niveau des os métacarpiens, de chaque côté des canons, s'il y a fracture ou inflammation du ligament. Ces suros se développent à la suite d'un choc et cela d'autant plus que l'animal est jeune et n'a pas encore achevé son ossification. Enfin, les dents du cheval – acérées devant pour brouter l'herbe – peuvent comporter des saillies sur les molaires, qui sont des parties de dents non égalisées lors de la mastication. Il est préférable d'appeler un vétérinaire pour limer ces extrémités débordantes. Le refus de s'alimenter peut être chez le cheval dû à un mal de dents, aussi douloureux chez lui que chez l'homme.

Si pour votre plus grande joie, vous décidez de faire pouliner votre jument, votre connaissance du cheval n'en sera que plus parfaite, car vous assisterez à toutes les étapes de la vie d'un cheval : les onze mois de gestation de la jument, les débuts de la vie d'un poulain, sa première têtée, ses allures de petit cheval dès les premiers jours, courant derrière sa mère à la même vitesse, et surtout, son apprentissage de l'humain, à travers une mise en confiance quotidienne, suivi d'un débourrage en douceur.

Mais on ne peut prétendre connaître un cheval, uniquement d'après sa morphologie. Comprendre ses attitudes ou ses réactions surprenantes, passe par l'apprentissage de sa psychologie.

Le tempérament inquiet et nerveux d'un cheval provient d'un mécanisme de défense élémentaire : l'instinct de fuite. Développé à l'état sauvage, cet instinct était un moyen de survivre aux agressions de l'environnement, puis des prédateurs. Il est plus ancré chez les chevaux « à sang chaud », type pur-sang anglais ou arabe, que chez les chevaux « à sang froid ». C'est au propriétaire de veiller à ne pas augmenter cet état de tension naturel. L'alimentation par exemple a une grande influence sur l'état d'excitation d'un cheval. Pour y remédier, il faut lui permettre de dépenser son énergie. On peut aussi réduire les frayeurs incontrôlables – bruit inattendu, odeur insupportable... – par la patience et le bon sens.

À l'instinct de fuite, vient s'ajouter l'instinct grégaire. Le cheval a besoin de sécurité, celle qu'il avait au sein du troupeau sauvage. Trouver un compagnon à votre cheval évitera qu'il s'ennuie et s'inquiète sans raison. L'écurie et ses alentours sont une source de sécurité, car ils sont associés à la nourriture. Le manque de sécurité peut développer chez le cheval une attitude névrotique, qui apparaîtra sous forme de tics. Enfin, le cheval, comme dans un troupeau, a besoin d'un meneur qui prouve son autorité, en l'occurrence l'homme, son maître. On ne se demande jamais assez comment l'homme peut arriver à dresser un animal aussi grand et puissant. C'est oublier que le cheval est un animal sensible, nullement agressif, aux sens très développés et à la mémoire fidèle. À l'éducateur de savoir jouer avec ces facultés.

Trop d'erreurs face à un comportement incompris peuvent entraver le développement psychologique d'un cheval et le rendre irrémédiablement inapte à la cohabitation avec l'homme.

Le cheval est souvent inquiet, peureux ; « stupide », disent certains, mais en fait victime de son hérédité. C'est d'être toujours en éveil qui lui a permis de traverser les siècles malgré les prédateurs, lui qui n'avait ni griffes ni crocs. Aussi lui faut-il maintenant un certain temps avant d'accorder sa confiance à l'homme — le plus dangereux des prédateurs, comme chacun sait.

Les cavaliers qui choisissent de faire vivre un, deux chevaux ou plus chez eux, et de consacrer une partie de leur temps à cette passion, sont avant tout des « hommes de cheval ». Ils montent peu à cheval en comparaison du temps passé au pré ou au box, à côté de leur compagnon. D'ailleurs, leurs connaissances sont plus complètes en matière d'élevage qu'en matière d'équitation. Le profil type d'un propriétaire-éleveur ? Rarement citadin, il possède en général une maison à la campagne ou en grande banlieue, avec du terrain. Un pré, une petite carrière, un paddock suffisent amplement à élever quelques chevaux. S'il s'agit d'une famille, tous les membres peuvent être mis à contribution, selon les horaires de chacun. Certains propriétaires ne peuvent s'occuper de leur cheval que le week-end et délèguent à un palefrenier le soin de veiller sur lui. Dans cette optique, en dehors du plaisir de posséder son cheval, la situation ne diffère guère d'avec celle qui consiste à le monter durant le week-end dans un club. Avoir un cheval chez soi, c'est assumer sa vie durant vingt-cinq à trente ans. Si l'on fait naître des poulains, c'est pour toute la vie !

D'après les statistiques enregistrant le nombre des naissances déclarées, les régions les plus propices à l'élevage des chevaux (le Calvados, la Manche et l'Orne) se trouvent en Normandie, berceau traditionnel, et dominent de très loin l'élevage du selle français. Viennent ensuite la Mayenne et le Maine-et-Loire. Les régions les plus dépourvues sont celles correspondant aux proches banlieues parisiennes (Hauts-de-Seine, Val-de-Marne, Seine-Saint-Denis) ainsi qu'aux régions montagneuses (Alpes-maritimes, Savoie, Pyrénées-orientales et Lozère).

Plus d'un quart du total des naissances de chevaux de sang et de poneys se situe en basse Normandie : la moitié des naissances de chevaux de pur-sang, un tiers des naissances de trotteurs français, et le quart des naissances de chevaux de selle français.

On n'acquiert pas un cheval sans savoir avant où le faire vivre, sans avoir étudié ses disponibilités en surface. Un pré est essentiel même si l'on ne possède pas de box. Dehors, le cheval est libre de marcher, de trotter et de galoper. Il mange quand il veut, et reste en bonne santé. Il dépense plus d'énergie que confiné dans un box, et on peut le monter facilement. Cependant, un cheval au pré n'est pas une solution de facilité. Il nécessite autant de surveillance qu'à l'écurie. On considère qu'un cheval a besoin au minimum d'un hectare de prairie. La bonne herbe étant vite gâchée et foulée aux pieds, des divisions de cet herbage sont à prévoir pour mettre successivement chaque partie broutée au repos. Les clôtures qui entourent le pré doivent être solides, sans barbelés, et dissuader le cheval de toute envie de sauter ! Il ne faut pas qu'il puisse s'échapper ou se blesser malencontreusement. À défaut d'une source d'eau permanente – l'idéal –, on placera l'abreuvoir près de l'approvisionnement en eau et éloigné des sources de pollution. Les chevaux qui travaillent ont besoin de mangeoires pour recevoir la nourriture supplémentaire nécessaire. Un bac en tôle stable, posé à terre peut en tenir lieu. Si les chevaux sont nombreux, les auges individuelles évitent les jalousies et les démonstrations de mauvais caractère.

Enfin, pour un cheval qui passe sa vie au pré, outre les abris naturels – haies, rangées d'arbres, murs de pierre –, un refuge à trois murs et un toit est indispensable pour le protéger du vent dominant l'hiver, de la chaleur et des insectes, l'été. Autant que possible, un herbage visible de la maison d'habitation, limite les déplacements, et s'avère particulièrement utile lorsque les juments poulinent.

Si votre cheval passe la majeure partie de sa vie à l'écurie, il a besoin de beaucoup d'attention pour ne pas souffrir d'ennui ou se transformer en un animal craintif et névrosé. Confort – un espace suffisant –, hygiène, lumière, sécurité, solidité... sont les critères à retenir. Si votre compagnon est en stalle, celle-ci doit être assez large pour permettre au cheval de s'y coucher à l'aise, le licol étant attaché à une longe coulissant dans un anneau solide. Dans un box, le cheval doit pouvoir se rouler et se relever sans se faire mal. Il faut compter une surface

Un bon pré n'est pas forcément celui qui a l'herbe la plus haute, c'est plutôt celui qui est solidement clos (mais pas avec des barbelés), qui dispose d'eau (sans être trop humide ni marécageux) et d'ombre (pas forcément une cabane, un groupe d'arbres suffit en été).

de 3,50 par 3,50 mètres environ, dimensions à adapter selon son gabarit. Un cheval a besoin de 40 mètres cubes pour éliminer le gaz carbonique et les vapeurs. S'il manque d'air, il risque de se fragiliser et d'être sujet aux rhumes et aux infections des bronches. Outre la nécessité de la lumière, les chevaux aiment regarder dehors, surveiller ce qui se passe. Pour cela, les boxes sont munis la plupart du temps d'un vantail de 1,50 mètre de hauteur, sur lequel le cheval peut poser sa tête. La hauteur des portes doit être comprise entre 2,40 mètres et 2,60 mètres et large environ de 1,20 mètre. Un box confortable doit comprendre : une litière absorbante et isolante, une mangeoire pour les aliments concentrés – en rapport avec la taille du cheval ou du poney –, un râtelier à foin ou un anneau pour attacher un filet, un abreuvoir automatique – dont les chevaux apprennent vite le fonctionnement – ou des seaux changés à intervalles réguliers, des prises de courant étanches et encastrées avec des fils électriques disposés en hauteur...

Afin de compléter ce bref tableau du lieu de vie de votre cheval, il reste à prévoir un emplacement pour stocker la paille, la réserve de grains et de foin, ainsi qu'un lieu où l'on puisse entreposer le fumier, obligatoirement situé à 20 mètres minimum de toute habitation voisine. On peut inclure à cette liste non exhaustive une sellerie, afin de regrouper selles et harnachements divers à prévoir selon les besoins.

Le cheval n'aime pas vivre seul. Domestiqué, il se suffit encore moins à lui-même. D'où la nécessité absolue d'avoir ou de prendre le temps de s'en occuper. Pour le nourrir plusieurs fois par jour, faire son box, vérifier que tout est normal, effectuer un pansage... il faut bien trois heures par jour, en plus du travail d'équitation. Sans compter les nuits entières passées à veiller dans l'attente d'une mise bas, ou pour soigner le cheval malade.

Le travail occasionné dépend de l'état de santé du cheval et de ce que l'on attend de lui sur le plan équestre. À partir de 8 ans, un cheval a besoin d'une vie bien réglée. C'est un animal à habitudes. Il vous impose cette régularité de vie en hennissant à la même heure tous les matins et tous les soirs. Les horaires de distribution de nourriture doivent être respectés. Un cheval peut vivre dehors toute l'année, y compris l'hiver, en prenant un minimum de précautions.

Lorsque l'on souhaite débuter un élevage, un emploi du temps s'avère obligatoire sur toute l'année, d'autant plus complexe si l'on fait saillir plusieurs juments. Elles ont toutes les chances de ne pas pouliner le même jour !

Les dates officielles de la saison de monte se situent entre le 15 février et le 15 juillet. Le rôle de l'éleveur est de détecter les chaleurs de la jument, puis de la présenter à un étalon préalablement réservé. En effet, un étalon saillit en moyenne quarante juments par an. Il doit être choisi en tenant compte de la jument et des caractères – morphologie, aptitudes, descendances – de l'un et de l'autre. Une fois la jument saillie, il faut vérifier la fécondation jusqu'au quarantième jour suivant. Si la jument est vide, il faut tout recommencer. La période de gestation dure officiellement 11 mois et 4 jours, mais un poulain peut naître sain entre le 10e et le 12e mois. Durant la grossesse, la jument ne doit pas fournir les mêmes efforts sous la selle, mais jusqu'au 7e mois, rien n'empêche de la monter tranquillement, en bannissant le saut d'obstacles. Après, la laisser au repos est la meilleure façon d'obtenir un poulinage à terme et sans risques. L'absence de date certaine concernant la naissance impose une surveillance, discrète, deux ou trois semaines avant le terme théorique.

Une fois le poulinage effectué, la jument est vermifugée. Ce sera au tour du poulain lorsqu'il aura atteint deux ou trois mois. La vermifugation se fait selon un rythme semestriel, au printemps et à l'automne. Attention de ne pas laisser vagabonder le poulain dans un pré trop riche. Ses sorties doivent être progressives. Dans le calendrier, doit figurer la période la plus favorable pour faucher l'herbe : fin juin, début juillet.

On estime qu'un poulain est sevré à partir de 150 jours. Mettre plusieurs poulains ensemble facilite le sevrage. C'est l'époque où l'on vaccine le poulain contre la grippe et le tétanos. Enfin, environ un an après la naissance, le signalement du poulain sous la mère est effectué par l'administration des Haras ou un vétérinaire agréé qui vient identifier les produits nés dans l'année.

En effet, en fin de monte, un « certificat de saillie » est remis au propriétaire de la jument, ce qui lui permettra de déclarer le résultat l'année suivante. Après la naissance, l'éleveur remplit la déclaration du résultat de la saillie. Ainsi le poulain peut être présenté au vétérinaire sous la mère avec le document d'identification de la poulinière et l'attestation de saillie.

L'ACHAT

Ce cheval sur lequel repose tous les espoirs, pour lequel on est prêt à changer ses habitudes de vie, à amé-

La confiance totale entre cavalier et monture, c'est la plaisir de se comprendre, de faire « corps » l'un avec l'autre. Mais avant de monter à cru, que d'heures passées en pansage, en soins, en « dialogues »... !

nager de nouvelles structures, cette perle rare, il reste à le découvrir. L'achat d'un cheval ne repose pas sur un simple coup de cœur. Tout d'abord, il faut savoir ce que l'on veut faire avec lui. Si on a assez de connaissances pour le dresser, il est plaisant d'acquérir un poulain âgé de 6-8 mois. En revanche, novice en équitation, un cheval entre 8 et 12 ans peut très bien convenir. Une jument ? Un hongre ? Un cheval rustique ? Va-t-il vivre dehors, en box ? Autant de questions qui méritent réflexion.

Pour l'acheter, il existe plusieurs solutions. La plus commune est la vente à l'amiable. On peut également avoir recours à un courtier spécialisé ou se rendre à une vente aux enchères. Tout achat comporte une marge de risques qu'on ne doit pas sous-estimer. Lors d'une vente à l'amiable, il est préférable d'écrire un contrat de vente, en mentionnant toutes les conditions de celle-ci. Quant à la visite vétérinaire, elle permet de détecter les vices rédhibitoires, maladies qui peuvent entraîner l'annulation d'une vente, jusqu'à neuf jours après la signature du contrat. Les examens doivent être d'autant plus poussés que le cheval est vendu comme cheval de sport, ou bien s'il a déjà fait des concours... Le futur qu'un cheval peut offrir à son cavalier dépendra en partie de son passé, s'il n'est pas tout jeune. S'il s'agit d'un poulain, la part d'inconnu est plus grande.

L'hygiène est un facteur primordial pour la santé et l'équilibre mental d'un cheval. Nourri convenablement, avec une litière changée régulièrement, il échappera le plus souvent aux « tics » d'ennui et aux maladies les plus fréquentes : coup de sang, fourbure, échauffement des pieds... Un box bien tenu, avec vue sur un endroit fréquenté, même s'il est un peu ancien, vaut toutes les écuries en matériau préfabriqué.

Devenu votre possession, il est dès lors sous votre responsabilité, quels que soient les dommages qu'il occasionne à autrui ou à vous-même. Le contrat « multirisques habitation » inclut généralement les risques relatifs à la propriété et à la garde juridique du cheval. Confirmez cependant la présence d'un cheval chez vous. Le contrat « responsabilité civile » s'applique à une utilisation « tranquille » du cheval, telle que la promenade. En cas de participation à des manifestations extérieures, une assurance complémentaire est à prévoir. On peut compléter un contrat de propositions diverses (décès du cheval, frais vétérinaires, risques du transport...).

L'ENTRETIEN

Tout ce qu'on élabore avant l'arrivée d'un cheval n'est rien en comparaison du travail qu'il occasionnera lorsqu'il sera là. Une bonne organisation palliera les impondérables.

Au pré, où en principe le cheval nécessite moins de soins du fait de sa vie relativement naturelle, la qualité de l'herbage importe avant tout. Le cheval étant un animal herbivore, il a besoin de végétaux variés. Mieux vaut donc le changer régulièrement de pré afin de renouveler l'herbe, ce qui n'exclut pas un complément de nourriture lorsque l'herbe ne suffit plus.

Pouvant facilement se rouler ou se frotter, un cheval au pré nécessite peu de pansage, ce qui ne dispense pas de vérifier quotidiennement les foulures ou les coupures éventuelles.

Dans un box, la litière joue le rôle d'un matelas absorbant. En ce qui concerne sa composition, la paille de céréales est la plus couramment utilisée, car elle a l'avantage de distraire le cheval qui peut la manger. La paille d'orge irrite, la paille d'avoine a trop de goût et s'imbibe mal. Reste la paille de blé, la meilleure, mais aussi la plus chère. Si votre litière est d'origine chimique ou végétale (sciure de bois ou copeaux), elle doit être ratissée tous les jours. La mousse de tourbe a l'avantage de ne pas faire de poussière. Elle est pratique pour les chevaux allergiques, mais c'est un mauvais isolant thermique. Un box doit être nettoyé tous les jours, lavé une fois par semaine, et désinfecté annuellement.

Pansés chaque jour, les chevaux gardent une peau saine. Le matériel : une brosse dure en chiendent, une brosse en soie, une étrille, un peigne à crinière, un cure-pied, une éponge et un couteau de chaleur. Si votre cheval travaille et qu'il vit en box, il est préférable de le tondre, afin d'éviter toute transpiration puis refroidissement lorsqu'il sort. Le pansage n'est pas une corvée s'il devient un moment privilégié passé avec son cheval. Il a une fonction sanitaire, il permet de faire un examen minutieux du cheval, et il possède une fonction psychologique : on peut alors observer le comportement et les réactions de son compagnon. Même en période de repos, le pansage n'est pas un luxe. Pour un jeune cheval, c'est une façon de l'habituer à la présence de l'homme, à son contact.

En matière d'alimentation, un principe s'impose : donner à manger souvent et par petites quantités. Le cheval a un petit estomac qui ne peut faire face à de gros repas pris à longs intervalles.

En dehors du foin et de l'herbe, les aliments concentrés ne doivent pas être trop volumineux, au risque de distendre l'estomac et de provoquer des coliques. Chaque cheval accomplit un travail particulier et mange selon son gabarit. Approximativement, le poids quotidien total de nourriture se rapproche du poids de ce qu'il aurait absorbé en vingt-quatre heures s'il était en liberté. Pour un cheval de 1,50 mètre, ce poids serait environ de 11,5 kilos. Mais cette relation poids-hauteur peut subir des variations. Si le cheval ne travaille pas, les concentrés doivent être réduits ou supprimés. En revanche, on peut lui donner du foin à volonté. Il n'est pas bon de le faire travailler juste après un repas copieux. Sa nourriture doit être composée d'un équilibre de protéines, de graisse, d'amidon, de sucre, de sels minéraux, d'eau, de substances fibreuses ou ligneuses et de vitamines. La nourriture énergétique qui fournit le meilleur équilibre alimentaire, est l'avoine. Enfin, un cheval a besoin de beaucoup d'eau propre : 20 à 25 litres par jour.

LE MATÉRIEL

Lorsque l'on a un cheval chez soi, il est préférable d'avoir tout à portée de main : le matériel de pansage, le harnachement, les protections de transport, les accessoires d'entretien (brouette pour le fumier, fourches, tuyaux d'arrosage...).

En fonction de l'expérience, des connaissances et des capacités du propriétaire à prendre soin d'un cheval, une trousse de médicaments de base est indispensable pour prévenir les ennuis et soigner les maladies typiques. Ce qui ne remplace pas le vétérinaire !

Voici quel pourrait en être le contenu : coton hydrophile, gaze stérile, bande de crêpe élastique en coton, sparadrap industriel et élastique, solutions antiseptiques, eau oxygénée, teinture d'arnica, sérum antitétanique, aspirine en poudre...

Quelques principes de maréchalerie permettent au propriétaire d'un cheval de ne pas toujours avoir recours à un homme de l'art au moindre problème. Si le parage des pieds – qui mal fait peut compromettre l'aplomb d'un membre – est une affaire de spécialiste, il est utile de savoir placer ou retirer un fer. Prévoir chez soi un cure-pied, un onguent, un pinceau, un brochoir, un rogne-pied, une tricoise, des clous.

Si vous vous adonnez à l'élevage, il faut vous procurer les équipements destinés au poulinage, au sevrage, voire aux tests de chaleur. On ne s'improvise pas éleveur.

Le poulinage est la concrétisation d'une année d'efforts. Comment se déroule-t-il ? Un box de poulinage propose toutes les garanties contre les infections et les coups de froid, mais si la naissance se passe en plein air, elle a également toutes les chances de se passer dans les meilleures conditions, et parfois sans assistance extérieure. Lorsque l'on a la chance d'assister discrètement à un poulinage, on peut intervenir lorsque la jument a mis bas, pour aider à la cicatrisation du nombril du poulain, administrer un sérum antisepticémique, aider à la lubrification des parois intestinales du poulain par un lavement et enfin veiller à l'évacuation du méconium. Si l'on ne peut surveiller quotidiennement les signes du poulinage, il est prudent de confier la poulinière à un haras.

Les vingt-quatre premières heures de la vie d'un poulain sont déterminantes pour son avenir. On peut observer tout de suite de près sa bonne vitalité, ses réflexes, puis s'il se lève facilement pour aller têter. Cette première têtée contient une sécrétion lactée, le colostrum, qui renferme des anticorps dont le poulain a absolument besoin. Si trois heures après la naissance, le poulain n'a pu parvenir à têter, l'intervention humaine s'impose. Il faut aider le poulain à se mettre debout, et le soutenir près de la mère. En dernier lieu, on pourra traire la jument et administrer le lait avec un biberon ou une sonde stomacale. En ce qui concerne la jument : elle doit se débarrasser de l'arrière-faix (membranes fœtales) elle-même dans les huit jours qui suivent, sinon l'aider en s'assurant qu'il est entier : des résidus internes peuvent mettre en danger sa santé.

Les premiers mois, le poulain se nourrit de lait – environ trois têtées par heure – puis vers six mois, il ne tête plus que trois fois par jour. Dès deux mois, on peut donner au poulain une alimentation complémentaire, conçue pour sa croissance, qui lui apprend à mâcher. Pour grandir et développer sa musculature, le poulain a besoin d'exercice. La sortie vers les pâturages s'effectuera progressivement, sans risques pour lui. C'est le moment idéal pour l'habituer à porter un licol.

Est-ce ruineux d'avoir un cheval chez soi ? Tout dépend une fois de plus de vos objectifs et de la façon dont vous souhaitez le faire vivre.

Un cheval au pré revient environ à 300 francs par mois pour l'année sans compter l'assurance. Celle-ci coûte entre 1 500 francs et 2 000 francs par an, mais son montant varie énormément en fonction de la compagnie choisie et des risques assurés.

En ce qui concerne la nourriture, il faut compter 250 francs par tonne de foin, sachant qu'un cheval mange au minimum deux tonnes par an.

Ferrer un cheval coûte entre 140 et 160 francs, 80 francs pour un simple parage. Si le cheval n'est pas en mauvaise santé, les frais vétérinaires coûteront au maximum 2 000 francs par an.

Le prix d'un hectare de pré est très variable selon les régions : de 25 000 à 50 000 francs. En ce qui concerne la saillie, elle n'est pas chère dans un haras national : environ 500 francs ; plus chère et variable dans un haras privé : entre 1 200 et 5 000 francs. Frais de transport et de pension : 1 200 francs pour quinze jours.

Différentes formules existent pour payer les saillies : le règlement du montant peut se faire dans sa totalité dès la première rencontre de la jument avec l'étalon, quel que soit le résultat de la fin de la saison de monte (dans un haras national). Dans le secteur privé, le montant de la saillie se paie si la jument n'est pas attestée vide par un vétérinaire au début de l'automne, vers le 10 octobre ou après la naissance du poulain. D'autres combinaisons existent, comme de payer la moitié du prix à la réservation ou au premier saut de l'étalon, et le solde au 1er octobre si la jument est pleine.

Un étalon a, bien sûr, besoin d'espace pour se détendre ; mais attention à sa tendance à la fugue pour aller retrouver une gentille conquête dans les prés voisins ! Le cheval entier nécessite une surveillance constante et des clôtures aménagées pour lui : hautes et solides !

GLOSSAIRE

AIDES
Ce sont les moyens (naturels ou artificiels) permettant au cavalier de faire effectuer au cheval les actions désirées : l'assiette, les jambes, les mains et la voix sont les aides naturelles ; la cravache, la chambrière et les éperons sont des aides artificielles.

ALLURES
Manières qu'a le cheval de se déplacer, selon l'ordre et le rythme du posé de ses pieds au sol. Les plus fréquentes sont : *le pas* (allure marchée, posé successif des sabots ; 6 à 7 km/h), *le trot* (allure sautée à deux temps, avec posé des bipèdes diagonaux séparés par un temps de suspension ; de 15 km/h à 45 km/h chez les trotteurs en course) et *le galop* (allure sautée à trois temps, dissymétrique, avec un galop « sur le pied droit » et un galop « sur le pied gauche », selon que l'antérieur droit ou l'antérieur gauche se pose le plus en avant ; de 20 km/h à 60 km/h chez les galopeurs en course). Parmi d'autres allures moins fréquentes, citons *l'amble,* allure marchée à deux temps. Les allures artificielles regroupent *le passage, l'appuyer* et tous les déplacements particuliers présentés en dressage.

ASSIETTE
C'est la bonne position du cavalier à cheval, qui lui permet à la fois de maintenir son équilibre, de ne pas gêner sa monture et de pouvoir se faire comprendre d'elle en toutes circonstances.

BOMBE
Coiffure traditionnelle du cavalier, demi-sphère rigide avec visière et jugulaire, recouverte de velours et protégeant la tête.

BOX
Pièce individuelle servant d'écurie à un cheval. Il doit être assez vaste pour que le cheval puisse y circuler, dispose d'un abreuvoir et d'une mangeoire. Son sol est recouvert d'une litière. La porte doit être à deux vantaux superposés.

BRIDE
Ensemble des cuirs soutenant deux mors (un mors de bride et un mors de filet) dans la bouche du cheval, reliés par deux paires de rênes à la main du cavalier.

BRIDON (ou FILET)
Montants de cuir soutenant un seul mors.

CERTIFICAT D'ORIGINE
Délivré par les Haras nationaux et rempli par un vétérinaire agréé, il permet d'obtenir pour un jeune cheval son livret signalétique.

DÉBOURRAGE
Premier dressage du jeune cheval, dans le but de lui faire accepter la selle et le cavalier.

ENTIER
Cheval de sexe mâle qui n'est pas castré ; s'il saillit des juments, il est alors appelé *étalon.*

FILET
Voir BRIDON

GARROT
Relief situé à la base de l'encolure, sur le dos, dont la hauteur au sol est prise comme taille du cheval. L'avant de la selle ne doit pas frotter contre ce garrot, sous peine de provoquer une blessure grave.

HARAS
Établissement d'élevage public ou privé où un ou plusieurs étalons « font la monte ». Les juments peuvent pouliner sur place ou retourner sitôt après la saillie chez leur propriétaire.

HARAS NATIONAUX
Fondés par Colbert en 1665, ces établissements appartenant à l'État sont les garants de la qualité et de la préservation des races d'équidés en France (chevaux de selle, chevaux lourds, poneys, ânes et baudets...).

HONGRE
Le hongre est un cheval castré.

LICOL
La pièce de harnachement qui s'adapte à la tête du cheval, sans mors, et permet de le tenir à l'aide d'une longe.

LIVRES GÉNÉALOGIQUES
Ils sont aussi appelés « Stud-books », comme en Angleterre, où ils furent créés. Ces registres tiennent à jour tous les croisements des chevaux inscrits, et seuls ceux-ci et leurs descendants peuvent être déclarés appartenant à la race considérée. Il y a un livre généalogique par race, du pur-sang anglais au poney shetland en passant par le cheval camargue.

LIVRET SIGNALÉTIQUE
Aussi appelé « papiers », ce livret comporte la description du cheval et de ses origines, établis à partir du certificat d'origine rempli à la naissance. Le livret contient aussi les pages à tamponner pour les vaccinations obligatoires et les certificats nécessaires lors des voyages à l'étranger.

MORS
Aussi appelé *embouchure,* le mors est la pièce de métal ou de caoutchouc mise dans la bouche du cheval, soutenue par le filet ou la bride, et permettant au cavalier de diriger la monture par l'intermédiaire des rênes.

MUSEROLLE
Pièce de cuir bouclée autour du bout du nez du cheval, au-dessus ou en-dessous du mors, et l'empêchant d'ouvrir la bouche pour s'en débarrasser.

POMMEAU
Partie avant centrale de la selle, bombée et échancrée afin de ne pas blesser le garrot du cheval.

PONEY
De morphologie proche du cheval, seule sa taille le fait classer à part, lorsqu'il mesure moins de 1,48 m. Au-delà, il sera considéré comme cheval, quelles que soient ses origines.

POULAIN (féminin : POULICHE)
Petit de la jument, qui porte en moyenne onze mois et l'allaitera ensuite pendant six mois ; il se met debout dès les premières heures, et est capable de suivre sa mère dans ses déplacements dès le deuxième jour.
En course, les poulains d'un an sont nommés *yearlings.* Les poulains de chevaux lourds sont appelés *laitons.*
Selon les races, la croissance peut continuer plus ou moins longtemps : jusqu'à trois ans pour certaines, jusqu'à sept ans pour d'autres.

PRODUIT
C'est le poulain de la jument suitée, c'est-à-dire qui l'allaite encore.

REPRISE
Temps d'exercices et de mouvements effectués par un groupe de cavaliers sous la direction d'un instructeur, ou ensemble de figures imposées en concours de dressage.

ROBE
Ensemble des poils et des crins des chevaux, qui leur donne leur « couleur » :
- robes simples (poils et crins de la même couleur) : blanc, alezan (de jaune brun à acajou), noir, café-au-lait ;
- robes composées :
— *à deux couleurs séparées :* bai (poils alezans, crins et extrémités noirs), Isabelle (poils café-au-lait, crins noirs), souris (poils gris, crins noirs) ;
— *à deux couleurs mélangées :* gris (blanc et noir), aubère (acajou et blanc) parfois dit pêchard, louvet (poil jaune à la racine et plus foncé à l'extrémité) ;
— *à trois couleurs mélangées :* rouan (acajou, noir et blanc) ;
- deux robes mélangées, par taches : robes pies.

SOUS-GORGE
Pièce de cuir de la bride ou du filet passant sous la gorge du cheval et servant à assurer la tenue de l'ensemble.

STALLE
Logement du cheval attaché dans une écurie commune ; chaque stalle est séparée des autres par des « bat-flanc », fixes ou mobiles. Elle comporte une mangeoire et un abreuvoir, ainsi qu'un anneau ou une tringle servant à maintenir une longe coulissante, à laquelle est fixé le licol du cheval.

TIC
Comportement vicieux relevant de la pathologie, ou au moins d'un déséquilibre psychologique. Il ne sert à rien d'essayer de corriger un cheval de cette mauvaise habitude si en même temps on ne recherche pas, pour la supprimer, la cause initiale (ennui, solitude, mauvais exemple d'un voisin de box...).

TROUSSEQUIN
Partie arrière de la selle, plus ou moins évasée.

ADRESSES UTILES

Centre d'enseignement zootechnique de Rambouillet : Parc du Château, 78120 Rambouillet. Tél. : (1) 34.83.83.09.

Délégation nationale à l'Équitation sur poney (ex-Poney-Club de France) : 15, rue Mesnil, 75016 Paris. Tél. : (1) 45.53.59.29.

Délégation nationale au Tourisme équestre (ex-Association nationale pour le Tourisme équestre) : 15, rue de Bruxelles, 75009 Paris. Tél. : (1) 42.81.42.82.

École nationale des Haras, Le Haras du Pin, 61310 Exmes. Tél. : (16) 33.39.92.01.

Fédération française d'Équitation (F.F.E.) : 164, rue du Faubourg-Saint-Honoré, 75008 Paris. Tél. : (1) 42.25.11.22.

Ligue française pour la Protection du cheval : 56, rue des Renaudes, 75017 Paris. Tél. : (1) 47.66.11.27.

Ministère de l'Agriculture, Service des Haras : 14, avenue de la Grande-Armée, 75017 Paris. Tél. : (1) 43.80.49.37.

PHOTOGRAPHIES :
GILLES DELABORDE

Ont également participé à l'illustration
de cet ouvrage :

ATLAS-PHOTOS/Serge Farissier : 118, 119,
141, 146 bas. V. Bertomeu : 113. DIAF/Bruno
Barbier : 108. EXPLORER/Patrick Broquet : 8 ;
Alain Thomas : 59. FOTOGRAM/Stone : 72-73.
PIX : 134. RAPHO/Hans Silvester : 69, 95.
SCOPE/Jean-Daniel Sudres : 74 haut.
VANDYSTADT/Ch. Petit : 51. Jean Vertut : 153.
VLOO/Desjardins : 11 ; Mercier : 25 ;
Henri d'Origny : 139.

CONCEPTION GRAPHIQUE :
Michèle Fraudreau

Achevé d'imprimer en décembre 1995 sur les presses de l'imprimerie Canale.
ISBN : 2-7434-0503-1
Imprimé en Italie
Dépôt légal : décembre 1995